T0195054

essentials

essentials liefern aktuelles Wissen in konzentrierter Form. Die Essenz dessen, worauf es als „State-of-the-Art" in der gegenwärtigen Fachdiskussion oder in der Praxis ankommt. *essentials* informieren schnell, unkompliziert und verständlich

- als Einführung in ein aktuelles Thema aus Ihrem Fachgebiet
- als Einstieg in ein für Sie noch unbekanntes Themenfeld
- als Einblick, um zum Thema mitreden zu können

Die Bücher in elektronischer und gedruckter Form bringen das Expertenwissen von Springer-Fachautoren kompakt zur Darstellung. Sie sind besonders für die Nutzung als eBook auf Tablet-PCs, eBook-Readern und Smartphones geeignet. *essentials:* Wissensbausteine aus den Wirtschafts-, Sozial- und Geisteswissenschaften, aus Technik und Naturwissenschaften sowie aus Medizin, Psychologie und Gesundheitsberufen. Von renommierten Autoren aller Springer-Verlagsmarken.

Weitere Bände in dieser Reihe http://www.springer.com/series/13088

Myriam Jahn

Industrie 4.0 konkret

Ein Wegweiser in die Praxis

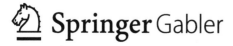 Springer Gabler

Myriam Jahn
Vorstand TiSC AG
Düsseldorf, Deutschland

ISSN 2197-6708   ISSN 2197-6716   (electronic)
essentials
ISBN 978-3-658-17769-0   ISBN 978-3-658-17770-6   (eBook)
DOI 10.1007/978-3-658-17770-6

Die Deutsche Nationalbibliothek verzeichnet diese Publikation in der Deutschen Nationalbiblio-
grafie; detaillierte bibliografische Daten sind im Internet über http://dnb.d-nb.de abrufbar.

Springer Gabler
© Springer Fachmedien Wiesbaden GmbH 2017

Gedruckt auf säurefreiem und chlorfrei gebleichtem Papier

Springer Gabler ist Teil von Springer Nature
Die eingetragene Gesellschaft ist Springer Fachmedien Wiesbaden GmbH
Die Anschrift der Gesellschaft ist: Abraham-Lincoln-Str. 46, 65189 Wiesbaden, Germany

Was Sie in diesem *essential* finden können

- Industrie 4.0 als betriebswirtschaftliche Notwendigkeit in der Produktion
- Einführung in die organisatorischen, IT- und automatisierungstechnischen Kernelemente
- Beispiel für die Anwendung von RFID
- Beispiel für die Digitalisierung einer Produktion
- Beispiel für ein neues Geschäftsmodell

Vorwort

Knapp ein Jahr nach der Veröffentlichung meines Buches „Ein Weg zu Industrie 4.0" ist es wichtiger denn je, das sich möglichst viele deutsche Maschinenbau- und Automatisierungsunternehmen auf den Weg zu Industrie 4.0 machen. Dieses Essential ist ein Management-Summary, um Wege zu Industrie 4.0 zu finden. Ein in die Tiefe gehendes Praxisbeispiel weist Wege- ohne den akademischen Anspruch der Vollständigkeit- und ist auch für den eiligen Manager lesbar.

Warum ist Industrie 4.0 so wichtig? Diese Frage ist sicher theoretisch zu beantworten, dennoch kann nur ein praktisches Beispiel plastisch als Wegweiser dienen. Die im Kontext von Industrie 4.0 gewünschte Transparenz und Vernetzung widerspricht der traditionell hierarchischen Lösung der IT- und OT-Systeme, aber auch ein Stück weit unserem hierarchischen Denken. Warum sonst könnte ein – oberflächlich betrachtet so einfaches – Problem wie die betriebswirtschaftliche Optimierung der Produktion noch immer nicht zufriedenstellend gelöst sein? Die hier gezeigte, beispielhafte Lösung und ihre technische Umsetzung ist ein Baustein einer „4. Industriellen Revolution" und mündet entsprechend in einem neuen Geschäftsmodell.

Innerhalb meiner Tätigkeit für die ifm-Unternehmensgruppe und für die TiSC AG wurde dieses Buch nur durch die Unterstützung vieler Mitarbeiter und Führungskräfte ermöglicht. Auch wenn ich sie nicht im Einzelnen aufzählen kann, gilt mein Dank allen, die ein reales Anwendungsbeispiel mit vielen Ideen, Hintergrundinformationen und Darstellungen geschaffen haben.

Düsseldorf, Deutschland   Dr. Myriam Jahn
im Januar 2017

Inhaltsverzeichnis

Abkürzungs- und Akronymverzeichnis

Abb.	Abbildung
AG	Aktiengesellschaft
ähnl.	ähnlich
APO	Advanced Planner and Optimizer
BME	Bundesverband für Materialwirtschaft, Einkauf und Logistik e. V.
BMW	Bayerische Motorenwerke
BOA	Belastungsorientierte Auftragsfreigabe
bspw.	beispielsweise
bzw.	beziehungsweise
ca.	circa
CIM	Computer Integrated Manufacturing
cm	Zentimeter
CP	Connectivity Port
CPPS	Cyber Physical Production System
DBW	Die Betriebswirtschaft
DCP	GIB Dispo-Cockpit
d. h.	das heißt
DLZ	Durchlaufzeit
E2E	End-to-End
EDI	Electronic Data Interchange
EMV	Elektromagnetische Verträglichkeit
et al.	et alii
ERP	Enterprise Resource Planning
f.	und folgende
ff.	und mehrere folgende
FIR	Forschungsinstitut für Rationalisierung an der RWTH Aachen
FPY	First Pass Yield

GIB   Gesellschaft für Information und Bildung mbH
ggf.   gegebenenfalls
h   Stunde
IEC   International Electrotechnical Commission
ifm   Ingenieurgemeinschaft für Messtechnik
IOS   interorganisationales Informationssystem
IoT   Internet of Things
ISO   Internationale Organisation für Normung
Kap.   Kapitel
konst.   konstant
LE   Low Energy
LR   LINERECORDER
m   Meter
mm   Millimeter
max.   maximal
MES   Manufacturing Execution System
Mrd.   Milliarden
p. a.   per annum
PPS   Produktionsplanung und -steuerung
PRICAT   Price Catalogue Message
PRODAT   Product Data Message
RFID   Radio Frequency Identification
s.   siehe
S.   Seite
SAP   Systeme, Anwendungen, Produkte in der Datenverarbeitung, SAP
           R/3
T €   Tausend Euro
Tab.   Tabelle
USA   United States of America
VDI   Verein Deutscher Ingenieure e. V
VDI-Z   Integrierte Produktion, VDI-Zeitschrift
Vgl.   Vergleiche
WLAN   Wireless Local Area Network
XML   Extensible Markup Language
z. B.   zum Beispiel
ZVEI   Zentralverband Elektrotechnik und Elektronik e. V

Einleitung: Produktionsnetzwerke und Industrie 4.0

1

RFID, IT-Technologie, Sensorik – die „vierte industrielle Revolution" basiert auf technischen Möglichkeiten, die schon seit Jahren, wenn nicht Jahrzehnten bestehen. Erst mit betriebswirtschaftlichen Überlegungen können die Potenziale dieser Technik in revolutionärem Umfang gehoben werden. Neue Geschäftsmodelle durch neue Prozesse und Services entstehen. Dieses Buch setzt betriebswirtschaftliche Wegweiser für die beispielhafte technische Umsetzung bis hin zu einem neuen Geschäftsmodell, kurz gesagt: auf einem Weg zu Industrie 4.0.

In Deutschland machen produzierende und meist mittelständische Unternehmen über 25 % des Bruttoinlandsproduktes aus.[1] Mit Industrie 4.0 werden sie wieder als wichtiger und konjunkturell weniger anfälliger Teil der Volkswirtschaft betrachtet.[2] Gerade im deutschen Mittelstand sind die Ressourcen jedoch begrenzt. Investitionsgräber in Industrie 4.0 und Big Data kann und will man sich nicht leisten. Durch eine Automatisierung und Digitalisierung ohne betriebswirtschaftlichen Überbau ist allerdings zu befürchten, dass nicht nur kein wirtschaftlicher Nutzen entsteht, sondern sinnlose und hohe Investitionen in IT-Systeme der Vergangenheit. Warum sollte ausgerechnet mit Industrie 4.0 das Produktivitätsparadoxon der Informationstechnik überwunden werden? Warum sollte die Produktivität mit Industrie 4.0 maßgeblich ansteigen, was mit der Informationstechnologie (IT) bislang nicht gelungen ist? Die Datenerhebung mit Hilfe von Sensoren – denn nur diese können Daten zur Verfügung stellen – und die Datenbereitstellung mithilfe der IT sind so kostenintensiv, dass am Anfang von Industrie 4.0 die betriebswirtschaftliche Frage nach der Wirtschaftlichkeit stehen muss.

---

[1]Vgl. (Ganschar et al. 2013).
[2](Plattform Industrie 4.0 2014).

Der Nutzen von Industrie 4.0 wird vor allem in der Verbesserung der (unternehmensübergreifenden) Koordination der Produktion gesehen.[3] Der Bedarf ist in der industriellen Praxis erkannt, aber die Lösung wird kaum betriebswirtschaftlich schlüssig hergeleitet.[4] Beachtet man betriebswirtschaftliche Wegweiser, entstehen eine effiziente Produktion, individuell identifizierbare, intelligente Produkte und zusätzliche Services bis hin zu einem neuen Geschäftsmodell, das Mehrwert für den Kunden und einen langfristigen Wettbewerbsvorteil bietet.

Ziel des Weges – Der Weg ist das Ziel

- Mithilfe der Betriebswirtschaft die Effizienz der Industrie-4.0-Lösung sicherzustellen.
- Mithilfe der Automatisierung die Datenerhebung möglich zu machen.
- Mithilfe der Informationstechnik die Anwendung darzustellen.
- Ergebnis ist ein beispielhaftes, neues Geschäftsmodell.

---

[3]Vgl. hier und im Folgenden (Lasi et al. 2014).
[4]Vgl. zum Beispiel (Pantförder et al. 2014, S. 148).

Industrie 4.0 – Betriebswirtschaftliche Theorie und Praxis

2

Neue Lösungen werden gesucht

- Bestehende betriebswirtschaftliche Forderungen
- Heutige IT-Lösungen MES und ERP
- Praxisbeispiele aus Automobil- und Elektronikindustrie

Betriebswirtschaftliche Effizienz bedeutet – vereinfacht – mehr Leistung und/ oder weniger Kosten. Das ERP-System als führendes System bildet betriebswirtschaftliche Effizienz in Plänen ab. Das MES stellt das planerische Bindeglied zwischen technischem Ablauf in der Produktion und den Plänen des ERP dar. Hier erfolgt auch die Kontrolle durch eine – meist automatisierungstechnisch eingeschränkte – Auftragsverfolgung. Das ERP-System gibt Zielgrößen vor, die aus Wertgrößen Zeiten und Mengen ermittelt. Mit diesen arbeitet das MES, ohne selbst eine betriebswirtschaftliche Optimierung vornehmen zu können.[1]

2.1 Zentralisierte Organisation, zentralisierte IT-Systeme

Das ERP als führendes, hierarchisch übergeordnetes IT-System plant die Produktion mit einem Planungshorizont von meist einem Jahr, übernimmt die Kommunikation zu unternehmensexternen Stellen und aggregiert Wertgrößen für das

---

[1]Vgl. im Folgenden (Müller 2015, S. 17 ff., 69).

Management. Die ERP-Pläne werden in einer zentralisierten Organisation über das MES an die Produktion mit höherem Detailgrad und kürzerem Planungshorizont weitergegeben. Planerische Schwierigkeiten führen dazu, dass auf MES-Ebene Mengen als Ersatz für Leistungs- und Kostenziele herangezogen werden. Kontrollrückmeldungen aus der Produktion sind durch die Automatisierungspyramide über dem einzigen Informationsgeber – der Sensorik – ebenso eingeschränkt wie der Datenaustausch zwischen den Ebenen der Informationspyramide von MES und ERP. Beide Pyramiden, Zeichen eines hierarchischen Aufbaus von Automatisierungs- und IT-Systemen, werden von Industrie 4.0 infrage gestellt.

Das MES kann in der Regel im Sekundenbereich Produktionsdaten lesen und schreiben. Obwohl dies für den Maschinenbediener oder die Anlagenüberwachung Echtzeit bedeutet, entspricht dies nicht dem Millisekundenbereich, der Echtzeit in der Automatisierungstechnik darstellt. Ein MES bildet den Lauf des einzelnen Auftrags durch die Produktion ab. Es sammelt Produktionsdaten soweit es die Automatisierungspyramide zulässt, wertet sie aus und stellt sie in einem entsprechenden Monitoring oder Reporting dar. Es speichert diese Daten in eine zentrale Datenbank und stellt sie für ein ERP-System zur betriebswirtschaftlichen Nachkalkulation bereit.

▶ **Hauptaufgabenmodule der zentralen, sukzessiven ERP- und MES-Planung**

- langfristige *Produktionsprogrammplanung* im ERP mit einem Planungshorizont von drei bis 24 Monaten und einer Planungsfrequenz von ein bis zwölf Monaten,
- mittelfristige *Produktionsbedarfsplanung* im MES mit einem Planungshorizont von ein bis sechs Monaten und einer Planungsfrequenz von einer bis vier Wochen,
- kurzfristige *Produktionssteuerung* mit einem Planungshorizont von einer bis vier Wochen und einer Planungsfrequenz von ein bis fünf Tagen,
- *Datenverwaltung* und *Auftragsregelung* als Querschnittsaufgaben.

Es fehlt in den bestehenden MES an Algorithmen, die eine betriebswirtschaftliche Optimierung der Produktion in IT-technischer Echtzeit (Sekundenbereich) erlauben. Bei zunehmender Abweichung von der in der Realität vorliegenden Komplexität führen die Pläne des ERP spätestens auf der MES-Ebene der Produktionsbedarfsplanung zu Problemen. Insbesondere bei den stochastisch auftretenden Störungen müssen die mit hohem Aufwand errechneten Pläne bereits wenige Stunden nach der Planerstellung erneut im ERP berechnet werden. Die hohe „Nervosität" von SAP Advanced Planner & Optimizer [APO] bspw. wird immer wieder kritisiert. Geringe Datenänderungen lösen eine umfangreiche Planungsrevision aus, die an Symptomen und nicht an Ursachen ansetzt. Industrie 4.0 möchte hingegen der betriebswirtschaftlichen Optimierung nahekommen, indem Rückmeldungen über Störungen aus der Realität eine schnelle Korrektur der ursprünglich optimalen Planung erreichen.[2] Im Sinne von Industrie 4.0 muss hier an die Stelle der Vorauskoordination einer Steuerung die Feedbackkoordination einer Regelung treten. Die Vorwegnahme von Störungen und deren Abwehr im Vorfeld wird ergänzt durch die schnelle Reaktion im Falle einer solchen. Die zu Zentralisierung führenden Informations- und Automatisierungspyramiden werden mit Industrie 4.0 ebenso wie die hierarchische Organisation infrage gestellt.

2.2 Dezentralisierung mit Industrie 4.0

Da die Produktivität nicht mit der IT Schritt gehalten hat (Produktivitätsparadoxon der Informationstechnik), liegt der Schluss nahe, dass die zentralisierte, hierarchische Organisation den Kontroll- und Machtfaktor Information bei wachsender Prozesskomplexität und -dynamik nicht mehr vollständig beherrscht.[3] Diese Überlegung entspricht dem *informationsökonomischen* Ansatz, der die Effizienz organisatorischer Regelungen aus deren Informationskosten heraus und Informationen als Daten mit Handlungsbezug zu erklären versucht.

Mit der *Dezentralisierung* geht eine Zerlegung des Produktionsprozesses in dezentrale Einheiten (Arbeitssysteme) einher, die zu lokaler Anpassung und Änderung ohne Störung des Gesamtsystems führen soll.[4] Industrie 4.0 soll eine Kommunikation zwischen den Arbeitssystemen ermöglichen, sodass sie ein Netzwerk (unternehmensintern oder -extern) bilden. Die zentrale Instanz gibt nur noch Liefertermine und logistische Ziele vor. Entlang des Auftragsdurchlaufs stimmen die Arbeitssysteme sich danach untereinander ab.

Dem zeitlichen Aufwand für den Informationsaustausch zwischen Arbeitssystemen entsprechend entstehen Transaktions- oder Informationskosten (Anbahnungs-, Verhandlungs- und Abwicklungs- oder Kontroll- und Anpassungskosten).

---

[2]Vgl. (Bauernhansl 2014, S. 13).
[3]Vgl. (Schuh 2013).
[4]Vgl. (Frese 2000, S. 59 ff.), hier und im Folgenden ähnlich den Begriffen „internes Netzwerk", „dezentrale Produktionsstrukturen", „fraktales Unternehmen", „Modularisierung", „Produktionssegmentierung", „Leitstände", „Lean Production".

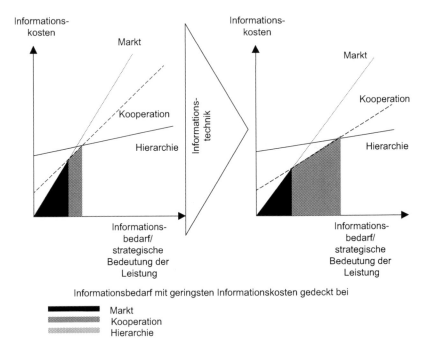

Informationsbedarf mit geringsten Informationskosten gedeckt bei

▬▬▬▬ Markt
▒▒▒▒ Kooperation
░░░░ Hierarchie

Abb. 2.1 Einfluss der Informationstechnik auf die Anwendung unterschiedlicher Organisationsformen. (Kostenverlauf in Anlehnung an Williamson, The Mechanisms of Governance 1996, S. 108, Achsenbezeichnungen in Anlehnung an Picot et al. 1996, S. 59)

Deren Höhe wird durch Industrie 4.0 so gesenkt, dass dezentralisierte Organisation häufiger infrage kommt (vgl. Abb. 2.1). Damit erklärt sich die mit Industrie 4.0 intensivierte Diskussion um die Reduzierung der Wertschöpfungstiefe und die Gestaltung von Kooperationen, insbesondere von Produktionsnetzwerken.[5]

Netzwerke bestehen aus multilateralen Kooperationen mit operativer Anpassungsfähigkeit durch Mehrfachbindung (Anzahl der Netzwerkunternehmen mindestens drei, Anzahl der Beziehungen untereinander mindestens zwei) und strategischer Flexibilität durch Wandelbarkeit (vertragliche Möglichkeit des Netzwerkein- und -austritts). Die in Abb. 2.2 dargestellte Netzwerktypisierung ist eine

---

[5]Vgl. z. B. (Picot 1991, S. 344).

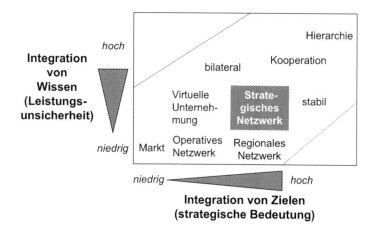

Abb. 2.2 Einordnungsschema für Netzwerke

Synthese aus der bestehenden Literatur über das Netzwerkphänomen und relativ kongruent mit anderen, weniger ausgeführten Typisierungen.[6]

▷ **Strategisches Produktionsnetzwerk** Das strategische Produktionsnetzwerk dient der kooperativen Leistungserstellung in der Produktion bei hoher Leistungsunsicherheit und hoher strategischer Bedeutung der zugehörigen Information.

Strategische Produktionsnetzwerke setzen eine hohe Bedeutung der Produktions- und Logistikeffizienz und damit der Anwendung von Industrie-4.0-Technologie voraus. In strategischen Netzwerken ist die Leistung komplex und variabel. Die häufige Transaktion spricht nicht für eine projektähnliche Einzelfertigung, sondern für eine *Serienproduktion mit kundenspezifischen Varianten*, für die Kundenaufträge in Form von Einzelbestellungen oder auf Basis von Rahmenaufträgen vorliegen. Erklärtes Ziel auch bei Industrie 4.0 ist die Losgröße 1 mit maximaler Variantentiefe. Das strategische Produktionsnetzwerk ist eine *mehrstufige Produktion* mit meist pyramidalem Aufbau, durch die Mehrfachbindung ähnlich einer Werkstatt- oder Gruppenfertigung. Ein fokales Unternehmen an der Spitze der Pyramide gibt ein gemeinsames strategisches Ziel im Hinblick auf die Produktion vor. Es ist meist das Unternehmen an der Schnittstelle zum Endkunden.

---

[6]Vgl. z. B. (Wüthrich et al. 1997, S. 47, 66 f., 89 f., 104).

Investitionen in IT im Sinne von Industrie 4.0 werden durch eine in Verträgen formalisierte, längerfristige Zusammenarbeit gerechtfertigt. Die durchgängig digitalisierte, vertikal und horizontal vernetzte Produktions-IT und OT (Operational Technology, Automatisierungstechnologie) werden im Industrie-4.0-Netzwerk als CPPS (Cyber-physikalisches Produktionssystem) bezeichnet.

▶▶ **Dimensionen des Cyber-physikalischen Produktionssystems (CPPS)**

- Digitale Durchgängigkeit des Engineerings für das gesamte Produktionsnetzwerk, für das die konsequente und automatisierte Verfolgung eines Auftrages („Traceability") notwendig ist.
- Vertikale Integration in eine gemeinsame Datenbasis bei technischer Auflösung von Automatisierungs- und Softwarehierarchien
- Horizontale Koordination über marktliche Applikations-Kommunikation

2.3   Praxisbeispiele aus Automobil- und Elektronikindustrie

Auch wegen ihrer hohen wirtschaftlichen Bedeutung oft zitierte praktische Beispiele für eine unternehmensübergreifend gemeinsame strategische Ausrichtung im Bereich der Produktion sind die Netzwerke der Elektronikbranche oder der Automobilhersteller.[7] Traditionell starke Arbeitsteilung, pyramidaler Aufbau, intensiver Leistungs- und Informationsaustausch zwischen den zusammenarbeitenden Unternehmen und ein komplexer Leistungserstellungsprozess prägen strategische Produktionsnetzwerke in diesen Branchen.

Gerade die Automobilindustrie lebt jedoch die gewünschte Dezentralisierung nicht. Der Automobilhersteller als fokales Unternehmen bestimmt die Planwerte für vorgehaltene Bestände oder Kapazitäten beim Zulieferer und übernimmt so die Planung für den Lieferanten. Der Zulieferer akzeptiert unmöglich oder zu teuer zu erreichende Qualitätsziele (bspw. 100 % Termintreue, JIT in Minutengenauigkeit) und passt sich an. Dadurch entstehen hohe Kosten bei den Zulieferern, die wahrscheinlich mit höheren Gesamtkosten und niedrigerem Gewinn für das gesamte Netzwerk verbunden sind. Die Unzulänglichkeiten des Automobilherstellers selbst werden nicht offenbar. Sowohl die schlechte Planung als auch die

---

[7]Vgl. im Folgenden (Feierabend 1987, S. 79 f., 186 ff.).

geringe eigene logistische Leistung erzeugen keine direkten Kosten beim Hersteller und werden damit nicht behoben. Er reduziert im Ergebnis zwar seine eigenen Logistikkosten, muss aber erhöhte Materialkosten in Kauf nehmen. Die Optimierung der Automobilhersteller auf Kosten der Partner führt zusätzlich zu erheblichem Misstrauen auf der „Gegenseite" und zu einem Scheitern der gemeinsamen Optimierung. Im Beispiel Automobilindustrie entsteht eine einseitige Verpflichtung des Zulieferers, die einer hierarchischen, zentralisierten Organisation und ihren Nachteilen nahe kommt.

Die Macht des Automobilherstellers bewirkt, dass bei Störungen von Lieferantenseite hohe Vertragsstrafen gezahlt werden müssen. Folgeaufträge werden nicht mehr erteilt, was bei hoher ökonomischer Abhängigkeit des Lieferanten für diesen folgenreicher als die Vertragsstrafe ist. Der Lieferant hat somit den für das Netzwerk dysfunktionalen Anreiz, eine Störung so spät wie möglich an den Automobilhersteller zu melden, um die hohen Folgekosten eines Reputationsverlustes doch noch zu vermeiden. So benachrichtigen 6,3 % der Mercedes-Benz-Zulieferer erst dann, wenn die Pufferlager zur Neige gehen, 41,3 % erst bei Produktionsstillstand. Die Zulieferer schrecken davor zurück, Störungen zu melden, bis ein Bandstillstand beim Automobilunternehmer unmittelbar bevorsteht, um einen „schlechten Eindruck" zu vermeiden. Oft werden Luftfracht und ähnlich teure Verfahren angewendet, um eine Störung zu verschleiern, die bei rechtzeitiger Ankündigung nur geringe Umplanungskosten verursacht hätte. Häufig muss der Automobilhersteller letztendlich sogar die Kosten logistischer Fehlleistungen auf Lieferantenseite selbst übernehmen, weil die Vertragsstrafe für einen Bandstillstand einen kleinen Zulieferer ruinieren würde. Durch die zu späte Meldung von Modifikationen oder Annullierungen werden Varianzeskalation und Durchlaufzeitensyndrom verschlimmert, die eigentlich durch die Dezentralisierung im Netzwerk verhindert werden sollten.

Die hierarchische Planung des fokalen Unternehmens und die dabei herrschende Terminunsicherheit führen dazu, dass Aufträge noch früher an die Lieferanten gegeben werden (Durchlaufzeitensyndrom) und sich die Konkurrenz unter den schon wartenden Aufträgen bei den Lieferanten erhöht. So erhöhen Hersteller durch überhöhte Planmengen die Kosten, um sich wiederum gegen mögliche Unterlieferungen der Lieferanten abzusichern. Andererseits ist das Abrufverhalten oft erratisch. Untersuchungen des Verbands der Deutschen Automobilindustrie (VDA) ergaben bei einigen Herstellern Schwankungen im kurzfristigen Bereich bis zu 60 %.[8] Bei wartenden Aufträgen kommt es noch häufiger

---

[8]Vgl. (Ostertag 2008).

zu Terminverschiebungen und -vorverlegungen, sodass für Eilaufträge die Durchlaufzeit minimiert wird und für die wartenden Aufträge die Durchlaufzeit noch länger wird. Die Differenz zwischen kürzester und längster Durchlaufzeit wird folglich immer größer (Varianzeskalation). Der große Unterschied in den Durchlaufzeiten führt wiederum dazu, dass sich die Terminunsicherheit weiter verschärft. Ergebnis ist in jedem Fall eine suboptimale Lösung für das Gesamtnetzwerk, aber auch für das fokale Unternehmen, die dem Hierarchieergebnis sehr ähnlich ist. Die Effizienzpotenziale des Netzwerks und der Digitalisierung werden nicht gehoben.

Auch in der Elektronikindustrie gibt es – allerdings i. A. schlechter dokumentierte – strategische Produktionsnetzwerke mit fokalen Unternehmen (z. B. Chiphersteller). Die Verfolgung von Produkten und ihren Bestandteilen aufgrund der zunehmenden Anzahl und Komplexität elektronischer Bauteile in den Endprodukten hat ebenso hohe Bedeutung wie das Tracking der Karosse in der Automobilindustrie aus der Lean-Tradition heraus. Die Elektronikindustrie, mit 841.000 Mitarbeitern in Deutschland der zweitgrößte Wirtschaftszweig, gehört nach dem Maschinen- und Anlagenbau, aber noch vor der Automobilindustrie zu den drei Branchen, deren Interesse an Industrie 4.0 am höchsten ist.[9] Der Elektronikindustrie werden neben dem Maschinen- und Anlagenbau die größten Wertschöpfungspotenziale bei der Umsetzung von Industrie 4.0 eingeräumt. Die Frage, wie diese Potenziale in der Elektronikbranche ausgeschöpft werden, wird in der Folge am Beispiel beantwortet.

---

[9]Vgl. (ZVEI 2013, S. 3).

Digitalisierung für Effizienz und Geschäftsmodell

3

▷ **Digitalisierung im Cyber Physical Production System (CPPS)[1]**

- Mittels *Sensorik* (und entsprechenden Identifikationssystemen) werden Aufträge, damit zusammenhängende Daten und deren Zeitstempel unmittelbar erfasst.
- Auf Grundlage der Auswertung kann zwischen der physikalischen und der digitalen Welt interagiert werden. Dies wird durch *Aktoren* ausgeführt.
- Mittels *gemeinsamer Datenbasis* sind die Arbeitssysteme untereinander verbunden und die Daten und Dienste des virtuellen Produktionsabbildes („digitalen Zwillings") überall verfügbar.
- Mittels universeller Schnittstellen wird die *Applikations-Kommunikation* ermöglicht.

3.1 Digitalisierung im Praxisbeispiel – Effizienz

Die ifm-Unternehmensgruppe (ifm) „entwickelt und produziert Automatisierungstechnik für über 100.000 Kunden weltweit"[2] mit mehr als 5000 Mitarbeitern. Anwendung finden die über 8000 verschiedenen bei ifm hergestellten Sensoren, Netze und Steuerungen unter anderem im Maschinenbau, in der Metall erzeugenden und verarbeitenden, der Automobil- und der Lebensmittelindustrie.

---

[1]Vgl. (Kaufmann und Forstner 2014, S. 360 ff.), (Vogel-Heuser 2014a, S. 37).

[2](ifm electronic gmbh, 2011a) und im Folgenden (ifm electronic gmbh 2012b).

© Springer Fachmedien Wiesbaden GmbH 2017
M. Jahn, *Industrie 4.0 konkret*, essentials,
DOI 10.1007/978-3-658-17770-6_3

Kennzeichnend für ifm – wie in der Elektronikindustrie insgesamt – sind dezentrale Entscheidungsstrukturen mit mehreren rechtlich selbstständigen, produzierenden Tochtergesellschaften. Die Holding (ifm stiftung gmbh & Co. KG) agiert als fokales Unternehmen und gibt die strategische Zielsetzung vor. Der strategische Anspruch der ifm-Gruppe an die Logistik ist, dass 98 % der etwa 10 Mio. Lieferungen p. a. in vier Tagen weltweit ihr Ziel erreichen. Natürlich hat ein Automatisierungsunternehmen wie ifm zusätzlich einen hohen Anspruch an den eigenen Automatisierungsgrad. Kostenträchtige manuelle Mehrfacherfassung und Medienbrüche in der Auftragsverfolgung – und mit ihnen Langsamkeit, Intransparenz und Fehleranfälligkeit – können durch eine automatisierte Identifikation mit Hilfe von RFID vermieden werden.[3]

Als Verfahren zur automatischen Identifikation- und Datenerfassung (Auto-ID) auf Basis von Radiowellen wurde RFID in den 1930er-Jahren für militärische Flugzeugidentifikation entwickelt. Bereits seit den 1960er-Jahren wird RFID für die Zugangskontrolle und seit 1978 für die Tierkennzeichnung eingesetzt. Das Tier wurde nicht nur mit Hilfe von RFID identifiziert, sondern Temperatur und Fütterung durch verbundene Sensorik überwacht. Hier wird bereits deutlich, wie eng RFID und Sensorik zusammenarbeiten können.[4] 1988 begann die Einführung von RFID in die industrielle Anwendung.

▶ RFID-System zur Auftragsverfolgung

- *Transponder* (Transmitter und Responder, Tag) als Träger der Identifikation
- Abruf der Identifikation durch das *Lesegerät* (Reader)
- Kontaktlose Funkübertragung der Identifikation pro Prozessschritt

Ein RFID-Transponder kann als elektronisches und jederzeit änderbares Typenschild mit Herstellerdaten, Typenbezeichnung oder Bestellnummer, Produktionsdatum, Prozessdaten, Softwareversion, zur Lizenzverwaltung und zum Konfigurationsstatus, für Data- und Eventlogging und für die Aufnahme kundenspezifischer Profile dienen. Eine optische Verbindung ist bei RFID im Gegensatz zu Bar- oder 2D-Code unnötig. Auch in einem Gehäuse oder einer Verpackung, verschmutzt oder bereits beim Kunden an unzugänglicher Stelle eingebaut, kann

---

[3]Vgl. (Rhensius und Dünnebacke 2010, S. 26).
[4]Vgl. im Folgenden (Finkenzeller 2012, S. 8).

das Gerät noch identifiziert werden. Da der Transponder vom Produktgehäuse geschützt wird, erfährt er keine mechanische Belastung. Damit kann er - und damit die Identifikationsgrundlage - kaum zerstört. Das Produktgehäuse schützt außerdem vor unbefugtem Auslesen der Identifikation. Somit ist auch ein Plagiatschutz gegeben. Die Transponder sind mit einer einzigartigen Seriennummer ausgestattet, die man innerhalb eines Gerätegehäuses nicht zerstörungsfrei entfernen kann.

Dauer der Identifikation

- Lesedauer beim Auslesen der Identifikation
- Dauer der Aufbringung der Identifikation
- Suchdauer nach dem zu identifizierenden Objekt
- Dokumentationsdauer für das Ergebnis der Identifikation
- Korrekturdauer durch fehlerhafte Lesevorgänge (Fehlerrate)

RFID-Lesevorgänge sind vor allem durch die geringere Dauer der Identifikation und durch den Wegfall der exakten Führung kostengünstiger als optische. Der RFID-Lesevorgang erzeugt automatisch einen Datensatz als „Abfallprodukt" der Materialbewegung und sogar im Pulk.[5] Die Fehlerrate bei RFID gegenüber manuellen Lesevorgängen ist erheblich reduziert. Bei Inventuren wird eine Genauigkeit von 99 % erreicht und damit Out-of-Stock-Situationen um 60 bis 80 % reduziert. Bei ifm liegt die Zeitersparnis durch RFID allein bei der jährlichen Inventur bei 75 bis 92 %.[6] Da RFID einen vollständig automatisierten Aufbringungs-, Such-, Lese- und Dokumentationsvorgang gewährleistet, reduziert sich die Dauer der Identifikation durchschnittlich von vier Sekunden bei normalen ifm-Geräten bzw. zwei Minuten bei Sicherheitsgeräten auf eine vernachlässigbare halbe Sekunde.[7] Um durchgängige Auftragsverfolgung bei ifm über das Netzwerk hinweg zu gewährleisten, muss Identifikation häufiger als die heutigen fünfmal stattfinden. Damit werden die Vorteile von RFID gegenüber optischen Verfahren noch einmal größer.

---

[5]Vgl. (Rhensius und Dünnebacke 2010, S. 5).
[6]Vgl. (Fleisch und Mattern 2005, S. 23).
[7]Vgl. (Finkenzeller 2012, S. 7) und im Folgenden (Fleisch und Mattern 2005, S. 13).

Vorteile der Identifikation mit RFID gegenüber optischen Verfahren

- Nicht auf optische Verbindung angewiesen
- Wesentlich geringere Lesedauer
- Elektronisches, veränderbares Typenschild
- Plagiatschutz durch erschwerte Kopierbarkeit
- Energy Harvesting möglich

Bei ifm ist eine Anbringung der Transponder direkt im Produkt sinnvoll. Werkstückträger sind bei ifm eher selten und werden wie die Verpackung (Boxen für Chargen) häufig gewechselt. Da die Produkte einzeln gehandhabt werden, können nur durch die Verbindung des Transponders mit dem Produkt teure manuelle Vorgänge wie das Aufbringen einer neuen Identifikation mitten im Produktionsprozess oder die Zählkontrolle entfallen.

Ein Transponder ist möglichst früh im Produktionsprozess auf dem Träger des Wertes anzubringen. Im Falle von ifm ist dies, wie meist in der Automatisierungsindustrie, die Platine, da die Gehäuse im Allgemeinen nur eine mechanische Funktion übernehmen und die Software nur in der Entwicklung, aber nicht in der Vervielfältigung einen hohen Kostenfaktor darstellt. Grundlage sind eigene Patente der ifm. Antenne und Chip ist Platz auf der Platine einzuräumen. Der RFID-Chip selbst nimmt durch die zunehmende Miniaturisierung der mikroelektronischen Komponenten einen geringeren Platz als der heute genutzte Datamatrix-Code-Aufkleber ein. Die mit den Chips verbundenen Antennen sind Labels oder für die Bestückung geeignete Spulen. Die Antenne wird mit dem RFID-Chip in die Leiterplatte oder in das Gehäuse integriert, wenn die Antenne mit dem Chip durch Verlötung oder Verklebung verbunden bleibt. Ein RFID-Bauelement kann im Prozessschritt der automatischen Bestückung aufgebracht werden. Diese automatisierte Aufbringung entspricht dem für Industrie 4.0 und IoT geforderten Vorgehen.[8]

Informationen aus und für den Sensor sind so über den gesamten Lebenszyklus des Produktes – auch für den Kunden – verfügbar, da der Transponder bei Auslieferung im Gerät verbleibt („Open Loop"). Die Transponder stellen damit anders als beim „Closed Loop" eine Materialkostenerhöhung dar. Sie ist

---

[8]Vgl. (Bauernhansl et al. 2015, S. 14).

allerdings der bei gedruckten Labels oder gar mechanischen Zugängen (Adressierbuchse) vergleichbar und wird mit zunehmender Miniaturisierung elektrotechnischer Komponenten immer geringer.

Der Transponder soll jederzeit auslesbar sein, auch ohne dass die Leiterplatte an Strom angeschlossen werden muss. Ein *aktiver Transponder,* der nach dieser Forderung eine Batterie benötigt, hat eine höhere Lesedistanz und mehr Speicherplatz als ein passiver Transponder. Eine aktive Transponder-Lösung bedeutet Senden ohne Abruf und nähert sich in Technik und Preis an die Anwendung von Funktechnologie wie Mobilfunk, WLAN oder Low Energy (LE) Bluetooth an. Die Batterie erhöht jedoch Materialkosten und Platzbedarf. Es ist nicht zu erwarten, dass diese Kosten sich in den nächsten Jahren maßgeblich verringern, da die Energiedichte von Batterien im Vergleich zur Leistungsentwicklung bei Mikroprozessoren mit etwa 5 % pro Jahr nur langsam anwächst.

Bei *passiven Transpondern* stellt das Lesegerät bei Abruf Energie zur Verfügung. Somit hat ein passiver Transponder einen geringeren Energieverbrauch, weniger Abschirmungsprobleme, eine höhere Sicherheit und geringere Kosten zur Folge.[9] Er macht sogar „Energy Harvesting" für die eigentliche Sensorfunktion möglich. Bei kleineren Strombedarfen des Sensors können sogar der Stromanschluss ganz und, damit verbunden, Verschleiß- und Undichtigkeitsrisiken sowie Materialkosten wegfallen. Der Kunde braucht keine teure Stromanbindung mehr. Bei größeren Strombedarfen ist zumindest Booten ohne Stromanschluss mit Energy Harvesting möglich. Die geringere Lesedistanz und der geringere Speicherplatz werden für diese Vorteile in Kauf genommen.

Die mögliche Lesedistanz bei passiven Transpondern wird sowohl von den Antennengrößen im Sensor und im Lesegerät, als auch von der Frequenz bestimmt. RFID-Systeme liegen im „Industrial, Scientific and Medical" (ISM) Band: Langwellenbereich bei 135 kHz (LF), Kurzwellenbereich bei 13,56 MHz (HF) und Ultra-Kurzwellenbereich bei 868 MHz in Europa und bei 915 MHz in den USA (UHF).

Ein Smartphone als Lesegerät kann nur bei einer speziellen Anwendung von HF, der Near Field Communication (NFC, ISO/IEC 18092), genutzt werden. NFC ist ein internationaler Übertragungsstandard zum kontaktlosen Austausch von Daten insbesondere mit Smartphones. Eine Lesedistanz von maximal einem Meter lässt die ISO/IEC 15693 („Vicinity Coupling") zu. Eine maximale Lesedistanz von 10 cm und eine maximale Datenübertragungsrate von 424 KBit/s sind

---

[9]Vgl. (Klumpp und Bioly 2012, S. 3).

über ISO/IEC 14443 („Proximity Coupling") vorgegeben, um über die kurze Distanz eine sichere Identifizierung und Authentifizierung für z. B. Zahlungsverkehr und behördliche Ausweise zu gewährleisten.[10]

Trotz des hohen Sicherheitsanspruchs von NFC wird der Datenschutz besonders bei RFID immer wieder thematisiert, wenn auch selten für die Automatisierungsindustrie.[11] Wenn mit Industrie 4.0 Hardware und Software gekoppelt werden, so werden bisher streng getrennte Welten horizontal und vertikal vernetzt. IT-Sicherheit stellt somit für Industrie 4.0 die „Quadratur des Kreises" dar. Daher wird ein Missbrauch von Daten durch Wettbewerber oder andere Angreifer mit z. B. terroristischem Hintergrund durch Abhören und Sabotage mit Industrie 4.0 erst möglich.

▶   **IT-Sicherheit – Missbrauchsszenarien**

- Abhören:
  - von wettbewerbsrelevanten innovativen Produktionsverfahren, Funktion und Funktionsweise von Maschinen und der Auftragslage des Netzwerks
  - von personenbezogenen Daten aus Rückschlüssen auf Personen wie Maschinenbediener und Kunden, relevant für das Bundesdatenschutzgesetz
- Sabotieren:
  - Eine die Produktion gefährdende Parametrierung von Sensoren wird vorgenommen
  - Fehlende oder fehlerhafte Verfügbarkeit der Daten als Kapazitätsfaktor, die zu Produktionsstillstand führen.

Abhören – bei bereits bestehender Kommunikation zwischen Transponder und Lesegerät – ist bei RFID wie bei jeder Funktechnologie mit einfachen Mitteln möglich. Die geringe Lesedistanz bei NFC wird als für die Anwendung in der Automatisierungsindustrie genügender, passiver (Daten-)Schutz angesehen, obwohl die Abhördistanz bis maximal 8,3 m erweitert werden kann. Dieses Abhören ist jedoch unwahrscheinlich, weil ein Spion dafür abwarten müsste, bis der Kunde zufällig die induktive Kopplung mit dem Smartphone vornimmt.

---

[10]Vgl. (Klumpp und Bioly 2012, S. 12).
[11]Vgl. hier und im Folgenden (Finkenzeller 2012, S. 245 ff., 280 ff.).

Die größte Gefahr besteht durch Sabotage mittels Emulieren oder Klonen eines Transponders (Relay-Attacke). Ein Saboteur könnte sich mit portablem Lesegerät einem beim Kunden eingebauten ifm-Gerät kurzfristig bis auf einen Meter nähern und ein Lesegerät dort unbemerkt positionieren. Dieses „Leech" oder „Mole" genannte Gerät kann die gelesenen Daten an einen „Ghost" oder „Proxy" funken, der wiederum die Rolle des Transponders bei einem weiteren Lesegerät des Saboteurs übernimmt. Solche Relais erweitern die Reichweite fast beliebig. Der Sabotage-Akt als solcher, einmal implementiert, ist kaum zu erkennen.

Relay-Attacken werden durch die Notwendigkeit von Authentifizierung und die Verschlüsselung der Datenübertragung bei NFC verhindert. Die Authentizität des Transponders und des Lesegerätes wird durch Schlüssel abgesichert und Datenvertraulichkeit, -integrität (nicht manipulierbare Daten) und -einmaligkeit (nicht reproduzierbare, also kopierbare Daten) durch kryptografische Protokolle gewahrt. Die meisten RFID-Chips lassen mehr als vier Milliarden Kombinationen für Passwörter zu, die allerdings von einem normalen Rechner in weniger als einer Sekunde ermittelt werden können. Eine weitere Absicherung sind kryptografische Protokolle, z. B. eine asymmetrische Authentifizierung und ein gemeinsamer Masterschlüssel (Meta ID), die ähnlich Pretty Good Privacy (PGP) bei der E-Mail-Verschlüsselung funktionieren. Die Meta ID dieses hierarchischen Schlüsselkonzepts wird im Transponder hinterlegt, der als einziges die Möglichkeit hat, den Schutz aller Speicherbereiche zu verändern.

Im für ifm verschlüsselten Speicherbereich werden alle nicht veränderbaren Herstellerangaben wie die Produktionsdaten hinterlegt. Zusätzlich wird dem Kunden von ifm ein individueller Schlüssel zugewiesen, der seine Information in seinem Speicherbereich hinterlegen kann. Der gemeinsame Masterschlüssel kann die Nachricht chiffrieren, während der individuelle Kundenschlüssel dechiffriert. Ein passwortgeschützter Speicherbereich im Sensor dient dann der Verschlüsselung einer Nachricht mit dem gemeinsamen Masterschlüssel, ein Speicherbereich dient der Entschlüsselung einer Nachricht des Kunden durch den Transponder, ein weiterer der Entschlüsselung einer Nachricht von ifm durch den Transponder. Die Schlüssel des Kunden können im Mobiltelefon des Kunden in den Secure Elements, z. B. der SIM-Karte, hinterlegt werden. Als Verschlüsselungsalgorithmus ist beim Transponder z. B. „Blockchain" nutzbar, das aus heutiger Sicht größtmögliche Sicherheit verspricht. Die aufgezeigten Möglichkeiten sind als kryptografische Protokolle in die Firmware des Transponders und die Software

Tab. 3.1 RFID-Reader-Antennen von ifm

Ifm-Lesegeräte Eigenschaften	LF ANT512	HF ANT513	UHF ANT820 (Mid-Range)	UHF ANT830 (Wide-Range)
Abmessung (mm)	40 × 40	40 × 40	156 × 126	270 × 271
Durchdringung	++	+	–	–
Orientierungseffekte (Fernfeldöffnungswinkel)	–		100°	70°
Lesedistanz max. (cm)	6		200	1000
Datenrate (Vorbeifahrgeschwindigkeit m/s)	<0,5	<1,0	>50	
Oberflächenreflexion (Metall)	Keine Reflexion, aber Abschwächung oder Verstärkung magnetisches Feld, Verstimmung Resonanzfrequenz		Reflexionen an Metalloberflächen, Interferenzen etc., Wirbelstromverluste, Verstimmung Resonanzfrequenz	
Listenpreis	165,50 €	174,50 €	340,60 €	361,20 €
Eigenschaften passende Transponder	LF	HF	UHF	
Energieversorgung und -bedarf	Passiv	Passiv und semi-aktiv	Passiv und aktiv, hoher Energiebedarf, kein Energy Harvesting möglich	
Pulkleseeigenschaften	Nicht realisiert	Möglich bis 100 Stück	Möglich bis 500 Stück	

einzubinden. Im Industrie-4.0-Umfeld wird eine Standardisierung in Bezug auf diese Kryptografie gefordert.[12]

Nachdem der weltweite Markt bis 2011 etwa mit 6 % pro Jahr gewachsen ist und weit hinter den Erwartungen zurückblieb,[13] wurden 2016 – mit Industrie 4.0 – zum ersten Mal Wachstumsraten von knapp 20 % erreicht. Über die Sicherheitsfrage hinaus wurde als zentrales Hemmnis für RFID der schwierig zu führende Nachweis der Wirtschaftlichkeit angesehen. Sogar etwa 50 % der bestehenden RFID-Anwender geben an, dass sie die Wirtschaftlichkeit (noch) nicht quantifizieren können. Die Kosten für RFID stehen typischerweise am Anfang des Netzwerks, während die Kostenreduktion oder Umsatzerhöhung durch RFID am Ende des Produktionsprozesses entstehen. Ohne eine Erfolgsverteilung partizipiert somit nur das fokale Unternehmen – im ifm-Fall die Holding – von diesen Effekten, während die Kosten bei den produzierenden Tochtergesellschaften entstehen (asymmetrische Kosten-Nutzen-Verteilung).

Bei ifm werden etwa 10 Mio. € Investitionen für die Überarbeitung der Platinen für die RFID-Schnittstelle in der Entwicklung der Tochtergesellschaften angesetzt. Durch die vereinfachte Identifikation werden lediglich 500 T € p. a. eingespart. Als Lesegerät in der Produktion wird statt des Smartphones die dafür geschaffene und kostengünstigere RFID-Auswerteeinheit von ifm (DTE104) und die dazugehörigen Leseköpfe oder Antennen[14] eingesetzt (vgl. Tab. 3.1). Im Lager können statt der bisherigen, teuren Wiegevorrichtung ein Tunnelreader, Lesegeräte in jedem Regalboden (Regalleser) oder ein Handleser oder -schuh eingesetzt werden. Ein Nutzen ist für die Tochtergesellschaften jedoch trotzdem kaum erkennbar.

3.2 Digitalisierung im Praxisbeispiel – Geschäftsmodell

Der Nutzen aber entsteht im Markt, im eigentlichen Geschäftsmodell. Daher muss die Argumentation über die Nutzenpotenziale, über den Markt kommen.[15]

Viele Möglichkeiten zum Austausch des Kunden mit dem ifm-Gerät und damit zu Umsatzsteigerungen bestehen dann, wenn der NFC-Transponder mit einem beschreibbaren Speicher und mit dem Mikrocontroller des ifm-Produktes verbunden ist.

---

[12]Vgl. (Kagermann et al. 2013, S. 62 ff.).
[13]Vgl. (Blitzer und Tobisch-Haupt 2010) und im Folgenden (Klumpp und Bioly 2012).
[14]ANT512/513, vgl. (ifm electronic gmbh 2011d).
[15](Bauernhansl 2014, S. 31).

Gute Produkte wollen kommunizieren.[16]

Eine RFID-Schnittstelle zum Gerät passt zur Industrie-4.0-Diskussion, genauso wie zu den vom ZVEI für die Elektronikindustrie ermittelten Trends in der Automatisierung: Globalisierung, funktionale (Safety) und personelle Sicherheit (Security).[17] Die RFID-Schnittstelle bietet dem Kunden *Security* durch erhöhten Plagiat- und Virenschutz und durch eine Überprüfung der Lizensierung auf dem Gerät.

Mit der *Globalisierung,* ihren kürzeren Innovationszyklen und der Verteuerung von Rohstoffen ist die Variabilität in der Firm- oder Bedienungssoftware, statt in der Hardware vorzusehen. Über eine RFID-Schnittstelle als Zugang zum Gerät kann mehr Variabilität in die Firm- und Bedienungssoftware gebracht werden. Die immer kürzeren Innovationszyklen machen Software zum differenzierenden Faktor in der Automatisierungsindustrie. Die hardwarenahe Software (Firmware) wird zu einem entscheidenden Wettbewerbsvorteil, da sie größere Variation der Geräte ermöglicht. Ihrer Verwaltung und dem Zugriff mittels einer einfachen Schnittstelle wird jedoch meist noch zu wenig Beachtung geschenkt. Mit einer NFC-Schnittstelle ist der Kunde selbst – anstatt der bei Globalisierung wahrscheinlich weiten Reise eines Servicetechnikers – dazu in der Lage, den Softwarestand zu ermitteln und seine Firmware auszutauschen oder zu erneuern. Das Firmware-Download kann ohne spezielles Download-Werkzeug stattfinden, auch bei vergossenen Geräten. Ein Update und eine kundenspezifische Variante sind jederzeit möglich, auch in der Verpackung oder direkt vor der Auslieferung. Da keine Bootloader-Software erforderlich ist, kann auch Entwicklungsaufwand für die Firmware gespart werden. „Software as a Service" (SaaS) ist möglich.

Bei Kunden nimmt das (sprachenspezifische) Anwendungs-Know-how für Software und intelligente Endgeräte zu, während sprachenunabhängige Programmierung durch den Kunden selbst kaum noch gewünscht wird oder der Ausbildungsgrad in einigen Ländern dafür gar nicht vorhanden ist. Immer mehr Wissen über Elektrotechnik wird durch Wissen über Software-Anwendungen und alltägliche Nutzung von PC und Smartphones ersetzt. Auf dem Smartphone können Daten zum Gerät eingestellt oder Daten vom Gerät aufgezeichnet werden, ohne dass es an Strom angeschlossen ist. Für den Kunden werden Kalibrierung und Parametrierung über eine einfache Schnittstelle wichtiger als die Möglichkeit,

---

[16](Fleisch und Mattern 2005, S. 22 f.).
[17]Vgl. (Wächter 2012).

selbst zu programmieren. Eine Hinterlegung der zur Seriennummer passenden Parametrierung für den Kunden bei ifm und der Aufruf dieser Parametrierung im Internet erhöhen den Kundennutzen. ifm und der Kunde können das Gerät den Bedürfnissen entsprechend identifizieren und die restlichen Informationen z. B. in der Cloud – dazu passend – speichern.[18] Ein Update und die Konfiguration erfolgt mit NFC-Schnittstelle in der Logistik, in den Niederlassungen oder beim Kunden über ein handelsübliches Smartphone.

Über die Luftschnittstelle führt eine schnelle Verbindung ins Internet direkt zu E-Shops, animierten Produktpräsentationen, Datenblättern, Bediensoftware, Diagnoseprogramme, Bedienungsanleitungen und anderen Informationen in Landessprache. Die After-Sales-Betreuung ist vereinfacht, indem über NFC automatisch die richtige Internetseite für den Support aufgerufen werden kann: Mit der Seriennummer sind alle Spezifika des Gerätes bei ifm bekannt. Eine gemeinsam über Telefon oder Internet erarbeitete Parametrierung kann sogar kostenpflichtig oder kostenlos über das Smartphone an den Kunden geschickt werden. Können die Zugriffe von Kunden auf Parameter und Konfiguration über die Kundenschnittstelle statistisch erfasst werden, so vereinfacht dies eine Ermittlung der Marktbedürfnisse für die Entwicklung eines neuen Produktes. Die Anzahl der Parameter kann beispielsweise auf das benutzte Maß beschränkt werden. Eine Fernprogrammierung und Wartung, die Erstellung von Know-how-Datenbanken, automatische Inventarisierung, eine automatisierte Fehleranalyse, Alarmierung bei Ausfall oder Stillstand und Lokalisierung kann durch die Verbindung mit dem Smartphone des Kunden erfolgen. Schließlich kann das Produkt, wenn es das Ende seines Produktlebenszyklus erreicht hat, entsprechend seiner dokumentierten Inhalte entsorgt werden. Diese Möglichkeiten stellen für den Kunden einen zusätzlichen Nutzen und damit eine zusätzliche Umsatzquelle für ifm dar.

Besonders große Vorteile werden hier bei den dem IO-Link-Standard gehorchenden Geräten erreicht. Sie haben eine Seriennummer und andere Diagnose-, Prozess- und Parameterdaten (z. B. Empfindlichkeiten, Schaltverzögerungen oder Kennlinien). Die Parameterinformationen der Sensoren und Aktoren sind typspezifisch, daher gibt es für jeden Gerätetyp eine eigene Beschreibung (IODD, IO-Link Device Description). Das Gerät kann selbstständig erkennen, ob es an der richtigen Stelle (unter der richtigen Adresse) eingebaut ist und funktioniert nur dann. Bei entsprechendem Speicherplatz in Verbindung mit dem Chip beim Kunden kann Datalogging sogar so weit erfolgen, dass Fehler im Gerät schneller

---

[18]Vgl. (Schreiter 2012).

gefunden werden.[19] Die Anwendung einer offiziellen, überschneidungsfreien „universalen Identifikationsnummer" (UID) auf dem Transponder, wie sie von GS1 vergeben wird, ist mit Industrie 4.0 über IO-Link hinaus für den internationalen Warenverkauf unverzichtbar.[20] Die bisherigen Chargennummern bei ifm führen zu umfassenden Rückrufen bei Qualitätsdefiziten verbunden mit aufwendigem Ausbau von Alt- und Lieferung von Ersatzgeräten. Stillstandskosten beim Kunden und der Imageschaden für ifm fallen unnötig an, weil Seriennummern nicht bekannt oder vorhanden sind. Schließlich erhöhen auf dem Transponder hinterlegte Seriennummern die First Pass Yield [FPY] in der ifm-Produktion deutlich gegenüber den heutigen 88 %, indem nicht mehr ganze Chargen wegen Qualitätsmängeln entsorgt werden müssen.

Die Funktionssicherheit *(Safety)* wird durch eine RFID-Schnittstelle erhöht, da sie einen mechanischen Zugang ersetzen oder für Redundanz ergänzen kann. Mechanische Zugänge sind die Sollbruchstelle für Undichtigkeiten und andere mechanische Schäden. Eine mechanische Sicherheitsabschaltung kann durch eine automatisierte per RFID-Schnittstelle ergänzt werden. Erkenntnisse zur Haltbarkeit von Geräten können durch lückenlose Rückverfolgbarkeit gewonnen und die Funktionssicherheit über die Lebensdauer genauer bestimmt werden. Auch eine Sicherheitsprüfung wird durch eine RFID-Schnittstelle vereinfacht.

Kundennutzen durch NFC-Schnittstelle, Smartphone und IOS in der Cloud
- Handling für Kunden
  - Kundenspezifische Firmware-Varianten jederzeit möglich
  - Änderung von Adresse, Kommunikations- und Geräteparameter
  - Wegfall mechanischer Schnittstelle
  - Einstellung vor Ort ohne oder mit Trennung von der Stromversorgung
  - Einstellung und Prüfung bei hoher Schutzart
  - Kalibrierung am fertigen Endgerät
  - Firmware-Versionen vor Ort auslesbar und updatebar
- Diagnose beim Kunden
  - Geräteinformation auslesbar bei fehlender oder unleserlicher Bedruckung
  - Automatisierte Dokumentation der verbauten Geräte mit Zuordnung zu Einbauort

[19]Vgl. hier und im Folgenden (Mattern 2005, S. 56).
[20]Vgl. hier und im Folgenden (ZVEI 2009, S. 32 f.).

- Diagnose bei hoher Schutzart und bei Gerätedefekt, falls Speicherchip unbeschädigt
- Gerätezustände in Ferndiagnose bei Hersteller analysierbar
- Untersuchung von Rückläufern in Ferndiagnose und gezielter Rückruf

Der erhöhte Kundennutzen durch die NFC-Schnittstelle ist ohne Marktforschung kaum bestimmbar. Lediglich in der Textilindustrie existieren bereits Erfahrungen mit Umsatzsteigerungen durch die Einführung von RFID und werden dort mit 4 bis 21 % angegeben. Würde durch die beschriebenen Maßnahmen der Anteil der kundenspezifischen Fertigung bei ifm auf 30 % ansteigen und der Preis oder Deckungsbeitrag dieser kundenspezifischen Geräte könnte um 10 % erhöht werden, so bedeutet dies rechnerisch eine etwa zweiprozentige Umsatzerhöhung. Das zusätzliche Wertschöpfungspotenzial, das für Industrie 4.0 für die elektrische Ausrüstung angegeben wird, beträgt ebenfalls etwa 2 % p. a.[21]

---

[21]Vgl. (Bauer et al. 2014).

Big Data: Gemeinsame Datenbasis

Die ersten interorganisationalen Informationssysteme (IOS) zum Datenaustausch entstanden in den 1960er Jahren. IOS wie EDI (Electronic Data Interchange) wurden in den 1990er Jahren durch internetfähige Lösungen (Web-EDI, XML/ EDI) stark verbessert. EDI ließ ursprünglich lediglich den bilateralen Austausch im Lieferanten-Abnehmerverhältnis zu; heute können Intra- und Extranet mehrfach anbinden. Via EDI wurden zu Beginn nur Daten im Zusammenhang mit Aufträgen oder Lieferungen übertragen; heute sind mehr Informationen in entsprechenden Lösungen vorgesehen. Mit den webbasierten EDI-Formen sind zwar die Kosten für die Einrichtung und den Betrieb von IOS reduziert worden; Konvertierungsprogramme zwischen den Unternehmen für die unternehmensspezifische Strukturierung der Daten bleiben jedoch notwendig und schränken die Wandelbarkeit auch heute noch stark ein.[1] Dagegen kann eine gemeinsame Datenbasis eine gemeinsame Sprache zwischen den Netzwerkunternehmen sicherstellen.

Anforderungen an gemeinsame Datenbasis

- Wirtschaftlichkeit: nur relevante Daten werden standardisiert, d. h. nur für die Logistikeffizienz relevante Zielgrößen.
- Eindeutigkeit und Vergleichbarkeit: quantifizierbare Kontrollgrößen gehen von einem Standardprozessmodell aus.

---

[1]Vgl. (Gengeswari 2010).

© Springer Fachmedien Wiesbaden GmbH 2017
M. Jahn, *Industrie 4.0 konkret*, essentials,
DOI 10.1007/978-3-658-17770-6_4

- Detaillierung und Flexibilität: Mathematisch-funktionale Zusammenführung von Ziel- und Kontrollgrößen in einem frei aggregierbaren System.

4.1   Mathematische Bestimmung der Zielgrößen

Rationales Handeln setzt ein bestimmtes Ziel, d. h. Klarheit über einen bestimmten intendierten Zustand voraus. [...] Ohne Zielvorgabe [...] kann dann weder das Treffen noch das Verfehlen von Handlungsoptima konstatiert werden, weil die Optima überhaupt nicht definiert sind.[2]

Die strategische Zielsetzung im Produktionsnetzwerk ist die beste Positionierung zwischen Logistikkostenführerschaft und logistischer Differenzierung, also die logistikeffiziente Positionierung.[3] Das gleiche Produkt kann insbesondere in Branchen wie Automobil- und Elektronikindustrie für verschiedene Kunden zur gleichen Zeit einen unterschiedlichen Wert haben. Um den für die Positionierung des Unternehmens wünschenswerten Logistikleistung (Lieferservice) zu erreichen, bei dem am meisten Wert für den Kunden im Verhältnis zu den eingesetzten Kosten geschaffen werden kann, sollten alle Arbeitssysteme die Bedeutung des Lieferservices beim Endkunden kennen und bei der Produktion berücksichtigen (Abb. 4.1).

Zielvorgabe ist der Lieferservice oder die Lieferflexibilität, bestehend aus Lieferbereitschaft und Lieferanpassung. Höhere *Lieferbereitschaft* steigert die erzielbaren Umsätze durch Senkung der geplanten, durchschnittlichen Lieferzeit. Die Erhöhung der *Lieferanpassung* als Senkung der geplanten, individuellen Lieferzeit für einen Auftrag kann dessen individuellen Preis erhöhen. Die Lieferanpassung entspricht einer vor der Lieferung vorgenommenen Sortimentsanteils-, Mengen- oder Terminänderung. Lieferbereitschafts- und Lieferanpassungsfunktion erhebt z. B. das fokale Unternehmen beim Endabnehmer.

Die Bestimmung der konkreten Verläufe (Funktionsvorschriften) für die Lieferbereitschafts- und die Lieferanpassungsfunktion bedarf der Mitarbeit von Marktforschung und Controlling des fokalen Unternehmens, um die Wünsche des

---

[2](Bänsch 1983, S. 1).
[3]Vgl. (Hompel 2014, S. 617).

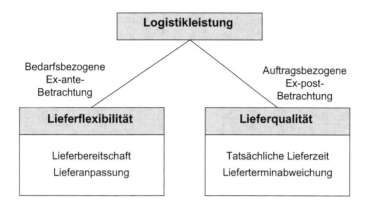

Abb. 4.1 Dimensionen der Logistikleistung. (Vgl. Großklaus 1996, S. 24)

Endabnehmers bezüglich der Lieferzeit zu erkunden. Die Funktionen werden somit aus der Befragung der Endabnehmer des Produktionsnetzwerkes abgeleitet.[4]

▶ **Logistikeffizienz als strategische Zielgröße: Quotient aus**

- Lieferflexibilität, bestimmt durch Lieferbereitschaft und Lieferanpassung, und
- Lieferkosten, bestimmt durch Lieferqualität (tatsächliche Lieferzeit und Lieferterminabweichung), Kapazität (Leistung) des Netzwerks und Bestand innerhalb des Netzwerks

Lieferflexibilität ruft Lieferkosten hervor, die somit für den bewerteten Input des Lieferservice stehen.[5] Die Lieferkosten sind vorzuhaltende *Kapazität* und *Bestand* bei gegebenem Produktprogramm und gegebener Lieferflexibilität. Außerdem werden sie bestimmt durch die *Lieferqualität*. Die Lieferqualität entspricht der tatsächlichen, durchschnittlichen *Lieferzeit* und der tatsächlichen, individuellen *Lieferterminabweichung* für eine bestimmte Leistung. Der Quotient aus dem durch die Lieferflexibilität bestimmten Umsatz und den Lieferkosten wird als Logistikeffizienz bezeichnet.[6] Eine unternehmensübergreifende Zielvorgabe

---

[4]Vgl. (Gattorna und Walters 1996, S. 47 ff.).
[5]Vgl. z. B. (Weber und Kummer 1990, S. 777 f.).
[6]Vgl. ähnlich (Bichler et al. 1992, S. 4).

für die Lieferkosten ist nicht darstellbar, weil die Erhebung dieser von unternehmensinternen Prozessen abhängigen Kosten eine entsprechende Komplexität z. B. beim fokalen Unternehmen erzeugen würde. Somit sind die Lieferkosten für die einzelnen Netzwerkunternehmen bei entsprechend vorgegebener Lieferflexibilität unternehmensindividuell zu minimieren. Die Kontrolle, ob die Zielvorgabe erreicht wurde, ist die systematische und einheitliche Messung, um Erfolg zum einzelnen Netzwerk zurechenbar zu machen. Eine derartige Kontrolle erfordert die durch Auftragsverfolgung generierte Information.[7] Die Netzwerkunternehmen akzeptieren die Erfolgskontrolle nur dann, wenn die generierte Information nicht entgegen ihrer lokalen Zielsetzung benutzt werden kann. Es ist also darauf zu achten, dass die Netzwerkunternehmen nicht durch die Erfolgskontrolle gezwungen sind, ihre Kernkompetenzen in Form von Information preiszugeben, sondern dass nur der erzielte Anteil am Netzwerkerfolg gemessen wird. Die Art der Informationsgenerierung für die Erfolgskontrollen wird, soweit möglich, vertraglich festgehalten oder dokumentiert, ebenso wie die Verhaltensrichtlinien zur Informationsweitergabe.

Um die Zielgrößen operationalisieren zu können, sind mathematische Verknüpfungen mit Kontrollgrößen zu ermitteln.[8] Dies ist mit Katalogstandards wie z. B. PRICAT, PRODAT und BMEcat oder vom ZVEI vorgegebenen Traceability-Größen bisher nicht möglich. Die Belastungsorientierte Auftragsfreigabe (BOA) dagegen gibt diese Möglichkeit. Sie hat als PPS-Verfahren in der betriebswirtschaftlichen Literatur eine umfangreiche, aber im Vergleich z. B. zu KANBAN auch kritische Diskussion erfahren. Ihre vergleichbar hohe Komplexität ist jedoch für das Produktionsnetzwerk als diskrete Werkstattfertigung notwendig.[9]

Der einzigartige Verdienst der BOA ist es, eine vollständig standardisierbare, disaggregierbare Beschreibung des diskreten Produktionsprozesses gefunden zu haben. Mit ihr lassen sich bestehende Zusammenhänge zwischen Ziel- und Kontrollgrößen der Produktion vollständig in Zeitabschnitten beschreiben. Die Berücksichtigung von Zeit ist mit logistischen Zielsetzungen untrennbar verbunden.[10] Die strategischen Zielgrößen Lieferbereitschaft und -anpassung sind ebenso lieferzeitabhängig wie die in der BOA angewendeten Parameter, die als Kontrollgrößen herangezogen werden.

---

[7]Vgl. hier und im Folgenden (Schmidt C. 1999, S. 31).

[8]Vgl. (Jahn 2016), Kap. 4.

[9]Vgl. hier und im Folgenden (Nyhuis und Wiendahl 1999, S. 24 ff.).

[10]Vgl. hier und im Folgenden (Schmidt G. 1997, S. 8).

Die Zeitgrößen der BOA sind durch die Auftragszeit, die Summe aus Bearbeitungs- und Rüstzeit, Maßstab für monetäre Bewertung. Die Auftragszeit stellt die Kapazitätsnachfrage ohne Betrachtung des Arbeitssystems dar, in der der zugrunde liegende Auftrag gefertigt wird. So können die unterschiedlichsten wartenden Aufträge an einem Arbeitssystem in Zeiteinheiten aggregiert werden, die annähernd den Wertzuwachs eines Produkts während der Fertigung widerspiegeln. Eine Stunde Auftragszeit im Bestand, in der Leistung oder als Fehlmenge hat den gleichen Wert unabhängig von dem Zeitpunkt, in dem der zugrunde liegende Auftrag gefertigt wurde. Eine betriebswirtschaftliche Optimierung im Produktionsnetzwerk ist möglich, ohne mit ständig sich verändernden Wertgrößen arbeiten zu müssen.

Die BOA verdeutlicht für *Wiendahl.*

> [...] in besonderer Weise, dass es bei dem angeblichen Dilemma zwischen Auslastung und Durchlaufzeit nicht um eine Entweder-Oder-Entscheidung geht, sondern um das Finden des wirtschaftlichen Optimums.[11]

Als eindeutig und vergleichbar formulierte Kontrollgrößen bieten sich die BOA-Parameter mittlere gewichtete Durchlaufzeit, mittlerer Bestand und mittlere Leistung an. Für die Termintreue ist eine weitere Kontrollgröße ermittelt worden.[12] Diese Kontrollgrößen basieren auf einem unternehmensneutralen Prozessmodell mit standardisierten Bausteinen. Alle erfassten Größen können durch die standardisierten Prozessbausteine bis hinauf für den Gesamtbetrieb verdichtet werden. Sie lassen auf allen Aggregationsstufen eine Kontrolle der Zielerreichung zu.

Mit der Erstellung der Lieferkostenfunktion (vgl. Abb. 4.2) sind alle Zielgrößen mathematisch-funktional mit den operativen Kontrollgrößen der BOA verknüpft.

4.2 Praktische Ermittlung der Kontrollgrößen

Noch vor einigen Jahren wären durchgängige Echtzeitrückmeldungen zu den BOA-Kontrollgrößen zu teuer, vor einigen Jahrzehnten unmöglich gewesen.[13] Dies ist mit den technischen Mitteln von Industrie 4.0 und RFID anders. Die

---

[11](Wiendahl H.-P. 1987, S. 249).

[12]Vgl. (Jahn 2016), Kap. 4.

[13]Vgl. (Kleinemeier 2014, S. 577).

$$LK(LZ_g) \quad = K_{NL}(NL) + K_{NB}(NB) + K_{\sigma.früh}(LZ_g) + K_{\sigma.spät}(\sigma_{g.N})$$

$$= PR_d(LZ_g) \cdot \frac{(NL_{max} - NL(LZ_g)) \cdot P}{NZAU} + \frac{1}{2} \cdot \frac{LK(LZ_g)}{NL(LZ_g) \cdot P} \cdot lz \cdot NB(LZ_g)$$

$$+ \frac{1}{2} \cdot LK(LZ_g) \cdot lz + \frac{1}{2} \cdot \frac{NL(LZ_g) \cdot P}{NZAU} \cdot (PR_d(LZ_g) - PR_d(LZ_g + \blacklozenge_{g.N}(LZ_g)))$$

$$= \frac{NL(LZ_g) \cdot P}{NZAU} \cdot ((\frac{NL_{max}}{NL(LZ_g)} - 1) \cdot PR_d(LZ_g) + \frac{1}{2} \cdot PR_d(LZ_g)$$

$$- \frac{1}{2} \cdot PR_d(LZ_g + \sigma_{g.N}(LZ_g)) + LK(LZ_g) \cdot \frac{lz}{2} \cdot (\frac{LZ_g}{P} + 1)$$

$$\Rightarrow LK(LZ_g) \cdot (1 - \frac{lz}{2} \cdot (\frac{LZ_g}{P} + 1)) \qquad = \frac{NL(LZ_g) \cdot P}{NZAU} \cdot ((\frac{NL_{max}}{NL(LZ_g)} - \frac{1}{2}) \cdot PR_d(LZ_g)$$

$$- \frac{1}{2} \cdot PR_d(LZ_g + \sigma_{g.N}(LZ_g))$$

$$\Rightarrow LK(LZ_g) \quad = \frac{\frac{NL(LZ_g) \cdot P}{NZAU} \cdot ((\frac{NL_{max}}{NL(LZ_g)} - \frac{1}{2}) \cdot PR_d(LZ_g) - \frac{1}{2} \cdot PR_d(LZ_g + \sigma_{g.N}(LZ_g))}{1 - \frac{lz}{2} \cdot (\frac{LZ_g}{P} + 1)}$$

mit:

LK	= gesamte Lieferkosten im Netzwerk
LZ_g	= mittlere gewichtete Lieferzeit
K_{NL}	= Kosten einer Leistungsminderung im Netzwerk
K_{NB}	= Kosten des Netzwerkbestandes
$K_{\sigma.spät}$	= Kosten zu später Aufträge
$K_{\sigma.früh}$	= Kosten zu früher Aufträge
NL	= mittlere Netzwerkleistung in Auftragszeiten
NB	= mittlerer Netzwerkbestand in Auftragszeiten
$\sigma_{g.N}$	= gewichtete Standardabweichung der Lieferzeit im Netzwerk
PR_d	= durchschnittlicher Preis pro Auftrag
P	= Länge der Planungsperiode
lz	= Lagerhaltungszinssatz

Abb. 4.2 Lieferkostenfunktion im Produktionsnetzwerk

gemeinsame Datenbasis mit zentralisierter Speicherung von Information z. B. in einer Cloud ist mit einer *universellen Schnittstelle* mehrfach anbind- und wandelbar.[14] Angesichts der Menge an aus Maschinen verfügbaren Daten pro z. B. Werkzeugmaschine (etwa 20–30 TB/Jahr) ist dies eine Forderung, die durch die sinnvolle dezentrale Pufferung und selektive Weitergabe der Daten ergänzt werden muss.[15] Die gemeinsame Datenbasis kann von der zentralen Instanz, dem fokalen Unternehmen, dessen Logistikdienstleister oder einem Cloud Service Provider, verantwortet werden. In dieser Struktur leistet jeder Teil einen eigenständigen Beitrag zum Ganzen, indem er dezentral gemessene Kontrollgrößen an das Netzwerk weitergibt, während jeder wiederum vom Gesamtnetzwerk unterstützt wird, indem die zentrale Zielvorgabe an die Netzwerkpartner übermittelt wird.

Die gemeinsame Datenbasis stellt bei (automatisiert erhobenen) Daten Redundanzfreiheit und hohe Integrität der Datenbestände sicher, eine „Single Source of Truth" mit gemeinsamer Syntax und Semantik.[16] Die negative Begleiterscheinung der Standardisierung, der Verlust von einzigartigen und angepassten Optionen der Anwendung, wird durch die geforderte universelle Schnittstelle, einen „Datenstaubsauger"[17], verringert, der aus Agenten oder Diensten besteht. Ziel- und Kontrollgrößen werden in der gemeinsamen Datenbasis abgelegt und z. B. auf einer agenten- oder serviceorientierten Cloud-Plattform genutzt.

Agenten oder Dienste übernehmen die inhaltlich einheitliche Erfassung der Kontrollgrößen auf Basis des gemeinsamen Prozessmodells, die formatspezifische Übersetzung und evtl. die Filterung oder Aggregation. Für Identifikation und Prozesse kann auf Standards wie EDI und XML (Extended Markup Language) zurückgegriffen werden. Als Umsetzung bietet sich Hypertext Transfer Protocol (http) ggf. als Secure Sockets Layer (SSL, https://…) an. Die binären Daten einer Maschine werden syntaktisch durch einen Agenten z. B. in ein XML-Dokument umgewandelt, während semantisch ergänzende Daten zu einer Auftrags- oder Seriennummer hinzugefügt werden.

---

[14]Vgl. hier und im Folgenden (Kirsch et al. 2015, S. 34).

[15]Vgl. (Büttner und Brück 2014, S. 144).

[16]Vgl. hier und im Folgenden (Schürmeyer und Sontow 2015).

[17](Rögner 2010, S. 79) und im Folgenden (Handke Industrie Software 2011, S. 50 ff., 76 ff.).

Industrie-4.0-Paradigmen für Agenten und Dienste als universelle Schnittstelle[18]

- *Echtzeitfähigkeit (Performance/Verfügbarkeit):*
  - Synchronie als Verarbeitung in Echtzeit: mindestens Sekundenbereich für die Darstellung an der Maschine, Millisekundenbereich für Aggregationsfunktion bei Direktanbindung an die Automatisierungstechnik
  - Effizienz durch gemeinsame Nutzung von Ressourcen oder Nebenläufigkeit (Multithreading) bei Datentransformation
- *Offenheit (Integrationsfähigkeit/Skalierbarkeit):*
  - vertikal bis ins ERP ohne Medienbrüche (Datendurchgängigkeit) mit Darstellung auf unterschiedlichen Aggregationsstufen (Transparenz).
  - horizontal durch Skalierbarkeit, d. h. Offenheit gegenüber Wachstum bei weiter bestehender Leistungsfähigkeit.
- *Sicherheit (Robustheit):*
  - Fehlertoleranz: jederzeitige Funktionsfähigkeit bei gleichzeitiger Fehlerbehandlung und -filterung.
  - Sicherheit im engeren Sinne: Schutz einzelner Systemkomponenten und übertragener Daten.

Der LINERECORDER (LR) Agent der ifm-Unternehmensgruppe ist eine universelle Schnittstelle, die die Industrie-4.0-Paradigmen Echtzeit, Offenheit und Sicherheit erfüllt.[19] Über Kommunikationsschnittstellen werden nahezu beliebige Datenformate aus ebenso beliebigen Datenquellen gesammelt und geordnet in einem definierten Format an eine relationale Datenbank weitergeleitet. Die Daten werden so gekapselt, dass trotz aller Unterschiede auf eine einheitliche Art und Weise auf sie zugegriffen werden kann. Die Datenverarbeitung ist vollständig von der Datenbank und den Kommunikationsschnittstellen entkoppelt. Der LR Agent erzeugt und speichert keine Daten. Er ist lediglich in der Lage, Daten zu empfangen, zu verarbeiten und weiterzuleiten.

Der LR Agent bildet zusammen mit dem PCo (Plant Connectivity), einer SAP-Software den LR Agent CP. Dadurch ist eine durchgängige, reziproke Kommunikation mit SAP und damit die vertikale Skalierbarkeit in der ifm-Lösung

---

[18](Bauernhansl et al. 2014, S. V).

[19]Vgl. (Deloitte & Touche GmbH Wirtschaftsprüfungsgesellschaft 2013).

gegeben. Der LR Agent CP arbeitet ohne Neu-Kompilierung durch Instanzen, mit flexibler Konfiguration der Schnittstellen und lässt vielfältige Möglichkeiten der Hardware zu. Seine besondere Integrationsfähigkeit zeigt sich auch in der Möglichkeit der Datenweiterleitung aus den oben spezifizierten Lesegeräten (ANT513) über die Auswerteeinheit (DTE104). Auf dieser Auswerteeinheit ist der LR Agent Embedded auf den Hardware Abstraction Layer (<50 kByte) aufgebracht, der wiederum den Anschluss an LR Module und SAP sicherstellt. Damit ist das „größte Hindernis einer breiten Anwendung von RFID"[20] mit der aufwendigen und umständlichen Integration der Hardware in die IT-Welt aufgelöst.

Die horizontale Skalierbarkeit des LR Agent entsteht durch ein Multi-Agenten-System, das Informationen flexibel horizontal untereinander austauschen kann, ohne eine Standardisierung im einzelnen Netzwerkunternehmen zu fordern. Dadurch ist die Möglichkeit zur Verteilung auf mehrere Rechner und Standorte und zu einer Client-Server-Lösung gegeben. Die Speicherung der Daten ist auf einem zentralen Server oder einer Cloud genauso möglich wie durch Fog-Computing. Tritt ein Fehler auf, so verbleibt bei der synchronen Datenübertragung der Thread so lange in der Kommunikationsschnittstelle, bis die Datenübertragung erfolgreich durchgeführt wird oder ein endgültiger Abbruch aufgrund eines Fehlers erfolgt. Dies erreicht der LR Agent durch Multithreading. Alternativ ist auch asynchrone Datenübertragung möglich.

Durch die gemeinsame Datenbasis ergeben sich datenschutzrechtliche und sicherheitstechnische Fragestellungen. Die Lösung der Sicherheitsfrage ist innerhalb der Produktion nicht trivial und muss zudem noch benutzerfreundlich sein, da Virenscanner, Sicherheitssoftware-Updates und Firewalls die Verfügbarkeit der Daten in „Echtzeit" zunichte machen. Das Abschalten der IT-Systeme, um weiteren Schaden verhindern zu können, kommt in der Produktion nicht in Betracht.[21] Auch der rechtliche Schutz der erhobenen Daten ist über das Gesetz nicht eindeutig. Eine Datenbank ist nur dann im Sinne des Urheberrechts- oder Bundesdatenschutzgesetzes geschützt, wenn sie eine wesentliche Investition erfordert bzw. personenbezogene Daten enthält. In einem Produktionsnetzwerk ist also ergänzend der Datenschutz einzelvertraglich über eine Geheimhaltungsvereinbarung oder innerhalb des Netzwerkvertrages zu regeln, dessen Einhaltung durch Kontrollrechte und Beweislastanforderungen überprüft und mit Schadenersatz oder Vertragsstrafe belegt wird.

---

[20](Hoppe 2015, S. 112). Vgl. im Folgenden (Vogel-Heuser 2014, S. 4).
[21]Vgl. (Kagermann et al. 2013, S. 53 ff.).

Benutzerfreundliches „Security by Design"
- Berücksichtigung im Netzwerkvertrag
- Granularität der Daten wird noch in einer Datenbank am Arbeitssystem vergröbert und semantisch verkürzt, soweit Kontrollgrößen es erlauben
- Benutzerrechte werden so weit wie möglich spezifiziert und in sicherer Cloud verwaltet, sodass sie nicht die Benutzung der Maschine beeinträchtigen.
- Durchgängige Dokumentation der Benutzeraktionen und schnelle Anomalieerkennung
- End-to-End (E2E)-Verschlüsselung mit Zwei-Faktor-Authentifizierung, Zertifikatsmanagement

Zusammen mit den Kontrollgrößen bildet die Seriennummer einen Datensatz in der gemeinsamen Datenbasis. Wird ein Mehrwert der RFID-Schnittstelle für den Kunden gewünscht, sind zahlreiche zusätzliche Daten von Bedeutung wie z. B. (kundenspezifische) Parameter, Adressen und Firmware-Versionsnummer. Über die Seriennummer hinausgehende Daten werden pro Prozessschritt dezentral im Transponder, in einer unternehmensspezifischen oder in einer netzwerkübergreifenden Cloud abgelegt („Data-on-Tag" versus oder gemeinsam mit „Data-on-Network").[22] Eine redundante Datenhaltung – auf Transponder und Datenbank – kann die Datenintegrität erhöhen. Da aber die Schnelligkeit des Zugriffes auf zusätzliche Daten und deren hundertprozentige Fehlerlosigkeit für ifm eine untergeordnete Rolle spielen, wird hier von einer zentralen Ablage ausgegangen. Nur die Seriennummer und für den Endabnehmer notwendige Daten befinden sich also auf dem Transponder.

Die bei ifm quantifizierbaren Kosteneinsparungen durch die geschaffene Transparenz betragen ca. 5 Mio. € pro Jahr (ohne Berücksichtigung der vereinfachten Identifikation) durch verminderte Rückrufkosten, Plagiatschutz, geringere Fehllieferungen, geringere Reklamationen, höhere First Pass Yield (FPY) und geringeren Produktionsausfall. Die Fehlerreduktion und höhere Prozessleistung lassen sich – zumindest ex-post – monetär bewerten. Ein dadurch induziertes besseres Unternehmensimage, eine verbesserte Bedienung der Maschinen oder die Konservierung von Prozess-Know-how werden dabei nicht berücksichtigt. Die monetäre Bewertung der höheren Logistikeffizienz zeigt das nächste Kapitel auf.

---

[22]Vgl. (Klumpp und Bioly 2012, S. 7 f.) und im Folgenden vgl. (Vogel-Heuser 2014a, S. 40 f.).

Algorithmen: Die Applikations-Kommunikation

5

In den 1970er Jahren wurden bereits computergestützte Informationssysteme für die menschenleere Fabrik vorgeschlagen und in den 1980er Jahren mit dem Manufacturing Automation Protocol (MAP) von General Motors, in den 1990er Jahren mit Computer Integrated Manufacturing (CIM) auch entwickelt. Ein Gesamtsystem sollte hier über eine bloße Addition der Planungssysteme hinaus so unterstützt werden, dass das Koordinationsproblem auf höherer Ebene gelöst werden könne. Dies führt zu einem exponentiellen Anstieg der Informationsmenge und einer Reproduktion des Koordinationsproblems auf der höheren (Netzwerk-)Ebene, die CIM-Ansätze schon in unternehmensinternen Netzwerken über die fehlende Leistungsfähigkeit der damaligen IT-Technologie hinaus scheitern ließ. Es stellte sich heraus, dass ein geplanter Ablauf umso unwahrscheinlicher wird, umso genauer ein Prozess vorbestimmt ist.

Industrie 4.0 ist dagegen die Forderung nach Rückmeldung statt nach Planung und die Abwendung vom Determinismus. Nur bei der von Industrie 4.0 geforderten probabilistischen Vorgehensweise kommen die Vorteile des Netzwerks gegenüber der Hierarchie zum Tragen. Wenn die Applikation über eine bloße Kommunikation hinaus gemeinsam genutzt wird, wird die Zentralisierung wieder eingeführt und der von Industrie 4.0 erhoffte Produktivitätsgewinn bleibt aus.[1] Bei der Applikations-Kommunikation findet die Arbeitsteilung nicht mehr nur auf der Ausführungsebene statt – wie bei der klassischen Arbeitsteilung industrieller Produktion –, sondern auch auf der Koordinationsebene. Die Koordination wird durch Pläne *und* Preise ermöglicht.

---

[1]Vgl. hier und im Folgenden (Bauernhansl 2014, S. 15), (Hompel 2014, S. 618 ff.).

© Springer Fachmedien Wiesbaden GmbH 2017
M. Jahn, *Industrie 4.0 konkret*, essentials,
DOI 10.1007/978-3-658-17770-6_5

Tab. 5.1 Horizontale Koordination bei Informationsasymmetrien im Produktionsnetzwerk

Zeitpunkt	Handlung des Netzwerkunternehmens	Informationsasymmetrie	Koordination durch
Vor Abschluss des Netzwerkvertrags	Leistung kann nicht erbracht werden	Hidden Characteristics	Zielgrößen, Lizitationen
Nach Abschluss des Netzwerkvertrags, aber vor Durchführung der Transaktion	Modifikation/Annullierung der Planung ohne frühzeitige Information des Netzwerkes	Hidden Information	Erfolgskontrolle, Erfolgsverteilung
Nach Durchführung der Transaktion	Unbeobachtbare Leistung wird nicht erbracht	Hidden Action	Erfolgskontrolle, Erfolgsverteilung

5.1 Mathematische Bestimmung der Algorithmen

Wie die Praxis in der Automobilindustrie zeigt, entstehen durch Informationsasymmetrien (vgl. Tab. 5.1) Ineffizienzen im Netzwerk. Diese Abweichungen vom Netzwerkoptimum können durch *Informationsgenerierung* in der gemeinsamen Datenbasis zurechenbar gemacht und für eine *Interessenharmonisierung* zugerechnet werden. Dies sollen die Algorithmen der Applikations-Kommunikation erreichen.

Im Netzwerk wird der Gewinn nicht nur pro Unternehmen maximiert, sondern auch ein Gesamtmaximum für den Netzwerkgewinn mit einer effizienten Logistikpositionierung angestrebt. Unter Hinzuziehung der Lieferbereitschafts- und der Lieferanpassungsfunktion und der für die einzelnen Netzwerkunternehmen zu definierenden Kostenfunktionen ist demnach im Verlauf der zentralen Produktionsprogrammplanung ein Gesamtoptimum zu ermitteln, wie von der Autorin an anderer Stelle gezeigt.[2] Einzig die Losgrößenoptimierung und damit die Rüstzeit ist hier nicht vollständig zu lösen. Geht man davon aus, dass die Rüstzeit durch den 3-D-Druck an Bedeutung verliert, so kann von einem sich reduzierenden systematischen Fehler gesprochen werden.

Ein mit der Planung übereinstimmender Gewinn bei Einzelunternehmen und eine Gewinnmaximierung beim Netzwerk werden dadurch sichergestellt, dass jedes Netzwerkunternehmen seine Preisfunktion in Abhängigkeit von seiner Lieferzeit ermittelt und im Netzwerk weitergibt, sodass der Einzelgewinn für

---

[2]Vgl. (Jahn 2016), Kap. 4.

die Lieferzeit konstant bleibt. Die dazugehörigen Kostenfunktionen der einzelnen Netzwerkunternehmen werden jedoch nicht offengelegt. Unter Berücksichtigung seiner eigenen Kostenfunktion wird nur das fokale Unternehmen an der Schnittstelle zum Endkunden versuchen, mit einer möglichst geringen Lieferzeit eine hohe Auftragsanzahl nach der Lieferbereitschaftsfunktion und einen hohen Preis nach der Lieferanpassungsfunktion zu erzielen und damit seinen Gewinn zu maximieren.

Im Produktionsprogramm werden die Anzahl und Varianten der Aufträge und die dazugehörigen Auftragszeiten festgehalten. Die Lieferanpassungsfunktion und die Lieferzeit-Preisfunktionen der einzelnen Netzwerkunternehmen werden so verändert, dass sie nicht mehr pro Auftrag, sondern pro Stunde Auftragszeit und für jedes einzelne Netzwerkunternehmen gelten, um die unterschiedlichen Leistungen der Netzwerkunternehmen vergleichbar zu machen.

Nach der Produktionsprogrammplanung findet die Auftragsvergabe statt. Bei der Lizitation als Auftragsvergabeverfahren bieten mehrere Lieferanten dieselbe Leistung zu unterschiedlichen Preisen einem Nachfrager an, nachdem dieser den maximalen Preis genannt hat, den er zu zahlen bereit ist. Der Nachfrager nimmt den Lieferanten an, der für den niedrigsten Preis liefert. Die Lizitation entspricht am ehesten der Situation im meist pyramidal aufgebauten, strategischen Netzwerk. Der Nachfrager ist auf der obersten Stufe das fokale Unternehmen; die Anbieter sind die Zulieferer. Auf der zweiten Stufe werden diese wiederum zu Nachfragern, die sich mehreren Anbietern gegenüber sehen. Die konkreten Aufträge liegen nach der Lizitation vor. Die Aufträge sind dennoch lediglich Versprechen der liefernden Arbeitssysteme, deren Einhaltung bei stochastischen Einflüssen auf die tatsächliche Leistung und zur Verhinderung von einseitiger Nutzenerhöhung überprüft oder erkauft werden muss.

Die Erfolgsverteilung sorgt jetzt dafür, dass der Preis orientiert an der tatsächlichen Leistung so korrigiert wird, dass der Beitrag des einzelnen Arbeitssystems offenbar wird. Sie führt zu „Simulated Trading".[3] Die Preisfunktion als Anreiz wird so gestaltet, dass die Netzwerkunternehmen im eigenen Interesse verborgene Informationen offenlegen.[4] Die Interessen im Netzwerk werden harmonisiert.

Entscheidend ist dabei, dass jedes der beteiligten Unternehmen den Erfolg individuell höher bewertet als den erforderlichen Kooperationsbeitrag. Es maximiert das Verhältnis zwischen zu erwartendem Erfolg (Anreiz) und Beitrag zum Netzwerk.

---

[3](Zelewski 1998a, S. 158 f.).
[4]Vgl. (Albach 1997, S. 21).

Der Beitrag ist der Opportunitätsnutzen, den ein Unternehmen außerhalb des Netzwerkes erreichen könnte. Anhand der Differenz zwischen Anreiz- und Beitragsnutzen (Valenz) entscheidet das Einzelunternehmen über Ein- und Austritt aus dem Netzwerk und über seine Leistung. Voraussetzung ist eine transparente und eindeutige Verknüpfung mit der Leistung. Die Erfolgsverteilung ist erkennbar und beeinflussbar an Ziel- und Kontrollgrößen geknüpft.[5]

Soll-/Ist-Abweichung aus zwei Komponenten

- Die *Soll-/Plan-Abweichungen* sind Planungsfehler und werden durch die Unsicherheit von Plänen und deren Abweichung von den tatsächlichen Erfordernissen verursacht. Diese Planungsfehler werden dem Abnehmer zugerechnet.
- Die *Plan-/Ist-Abweichungen* sind Realisierungsfehler, also tatsächliche Abweichungen vom Plan. Diese wird dem Lieferanten zugerechnet.

Eine Planabweichung durch Abnehmer oder Lieferant wirkt sich wiederum auf den Preis des ausgetauschten Materials aus, führt also zu Preisschwankungen. Die effiziente Erfolgsverteilung wird vorab in Form von Preisauf- und Preisabschlägen abhängig von der Lieferanpassungsfunktion und den Lieferzeit-Preisfunktionen der einzelnen Netzwerkunternehmen vorgesehen. Der Entscheidungsprozess und nicht die Entscheidung selbst wird für die einzelnen Netzwerkunternehmen vorgegeben.[6]

Je früher der Lieferant eine Terminabweichung meldet, desto höher ist die Chance, dass er nicht den vollen Preis für die Lieferanpassung zahlen muss, und Hidden Information wird verhindert. Dies führt zu einer Verkürzung der Fehlerdetektion, die den netzwerkweiten Produktionsprozess durch schnellere Korrekturmaßnahmen performanter macht.[7] Als laufende Kontrolle mit automatisiertem Frühwarnsystem (Tracking) kann z. B. in Anlehnung an Qualitätsregelkarten eine Terminregelkarte mit Warn- und Eingriffsgrenzen für die zulässigen Terminabweichungen gelten.[8] Über- oder unterschreitet ein Auftrag die Grenzen, so ist bereits bekannt, dass der Auftrag nicht rechtzeitig gefertigt werden kann; es sei

[5]Vgl. hier und im Folgenden (Zelewski 1998a, S. 153 ff.), (Schmidt C. 1999, S. 20 ff., 31 f., 142).

[6]Vgl. (Lorino 1995, S. 8).

[7]Vgl. (Kaufmann und Forstner 2014, S. 363).

[8]Vgl. (Dombrowski 1992, S. 85 ff.).

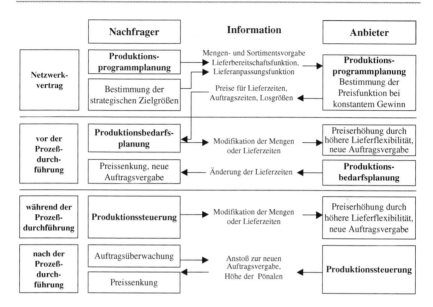

Abb. 5.1 Zusammenfassung der ausgetauschten Information im Koordinationsinstrument

denn, eine bereits bei Erreichen der Warngrenze eingeleitete Neuvergabe des Auftrags findet statt. Ein solcher Fall könnte auch eine frühe Benachrichtigung des Endabnehmers nach sich ziehen. Bei Erreichen der oberen und unteren Termineingriffsgrenze muss entweder eine neue Auftragsvergabe oder eine der Terminabweichung entsprechende Preisreduktion hingenommen werden. Dadurch werden Störungen regel- und mit den einzelnen MES der Netzwerkunternehmen verknüpfbar (Abb. 5.1).

5.2   Praktische Umsetzung der Industrie-4.0-Lösung

Wie können unterschiedliche IT-Systeme in den einzelnen Unternehmen der ifm-Gruppe kommunizieren? Die Applikations-Kommunikation wird ebenso durch Agenten ermöglicht wie die gemeinsame Datenbasis.[9] Dass die durch das Multi-Agenten-System verbundenen Tochtergesellschaften dabei selbst mit heterogenen PPS-Systemen arbeiten, ist in der Praxis bei fast 100 in Deutschland in der

---

[9]Vgl. hier und im Folgenden (Schmidt C. 1999, S. 27 f.).

Anwendung befindlichen MES von Drittanbietern und einem von kundenspezifischen Lösungen dominiertem Markt zu erwarten.[10] Wenn Netzwerkunternehmen definitionsgemäß unterschiedliche Kompetenzen – und damit in der Regel auch unterschiedliche Produkte und Prozesse – in das Netzwerk einbringen, die wiederum unterschiedliche Einsatzvoraussetzungen in den Einzelunternehmen für entsprechende MES bilden, sind heterogene MES unter dem Dach einer zentralen Produktionsprogrammplanung nicht nur möglich, sondern sogar wünschenswert.

Die Produktionsprogrammplanung wird bei der ifm-Gruppe durch das ERP (hauptsächlich SAP APO) als führendes System abgebildet. Ergänzend dazu wird das GIB Dispo-Cockpit (DCP) eingesetzt. Bei APO werden planungsrelevante Daten als Bestandteil des Supply Chain Management verarbeitet. APO enthält klassische Funktionen der Sukzessivplanung, also Absatzplanung, Bestands- und Ressourcengrobplanung, Sekundärbedarfsermittlung und Beschaffungsartenzuordnung. APO bietet die Möglichkeit, die durch den „SAP liveCache" auf Sekunden beschleunigte Verfügbarkeitsprüfung mit der Produktionsprogrammplanung zu verbinden und derart Kundenbedarfe unter Berücksichtigung der Randbedingungen der Produktion zu bestätigen. Hier können Zielgrößen bei der Planung und lieferzeitabhängige Preisfunktionen berücksichtigt werden. Die in APO erstellte Planung wird mittels Auftragsnummern an die Applikations-Kommunikation weitergereicht.

Als Grundlage für die Applikations-Kommunikation ist das ifm-eigene „LR Track, Trace & Quality" (LR TTQ)-Modul geeignet, das nach den Vorgaben des ZVEI für ein Traceability-System erstellt ist.[11] Das Industrie-4.0-Framework des LR ist cloudfähig und verfügt zusätzlich über eine Anwendung zur Parametrierung von Sensoren (LR Device) und zur Visualisierung der Werte (LR SmartObserver). Die beschriebenen Algorithmen der Applikations-Kommunikation werden hier abgebildet. Das Auftragsvergabe- und das Erfolgsverteilungsverfahren finden auf der Cloud-Plattform als „Marktplatz" statt, auf der auch die gemeinsame Datenbasis liegt.

Das LR TTQ erfasst die beschriebenen Kontrollgrößen vollständig und sendet sie an jede gewünschte Datenbank mithilfe des LR Agents.[12] Direkt am Arbeitssystem wird sein Zustand mit dem LR SmartObserver abgefragt (Condition Monitoring).

---

[10]Vgl. (Wiendahl H.-H. 2007).

[11]Vgl. (ZVEI 2009).

[12]Vgl. hier und im Folgenden (Handke Industrie Software GmbH 2008).

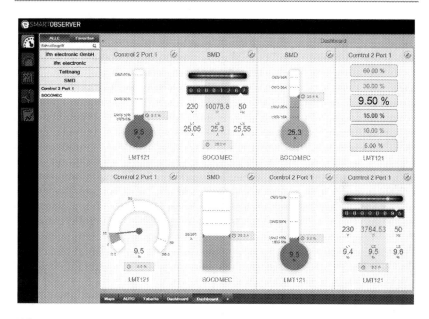

Abb. 5.2 Beispielhafte Oberflächen der LR-Module

Bei Verschleiß werden Alarme generiert, die Hinweise auf anstehende Wartungsaufgaben geben. Ungeplante Stillstände und ungeplante Terminänderungen werden durch geplante ersetzt, was durch die Erfolgsverteilung im Netzwerk belohnt wird (vgl. Abb. 5.2).

Für die IO-Link-Parametrierung durch Produktion und Kunden ist das LR Device geschaffen worden. Die Oberfläche stellt sich wie in Abb. 5.3 – für das Handy entsprechend verkürzt – dar. Es stellt die Parametrierung bei nicht angeschlossenen Geräten im Lager oder beim Kunden sicher. Bei angeschlossenen Sensoren können die gemessenen Werte auf dem Smartphone visualisiert werden.

Durch die Preisbestimmung in Echtzeit ist ifm in der Lage, dem Kunden jederzeit einen lieferzeitabhängigen Preis zu nennen. Eine lieferzeitabhängige Rabattierung bedeutet ein verbessertes Geschäftsmodell für ifm.[13] Die Gefahr der „Überleistung" in Bezug auf Logistikleistung ist gebannt. Ein Votum des Kunden für längere Lieferzeiten zugunsten höherer Rabatte ist möglich. Geht man davon

---

[13]Vgl. (Bauernhansl 2014, S. 30 f.).

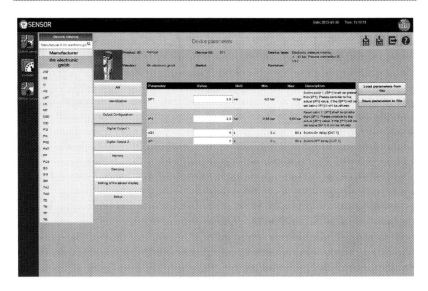

Abb. 5.3 Beispielhafte Parametrierung eines Drucksensors über LR Device

aus, dass ifm heute lieferzeitunabhängige Rabatte von durchschnittlich 20 % vergibt und 98 % der Produkte, wie gefordert, in vier Tagen liefert, so wären bei lieferzeitabhängigen Rabatten (mit 0 % Rabatt bei einem Tag Lieferzeit bzw. mit 20 % bei vier Tagen) etwa 8 % mehr Umsatz zu erzielen.

Industrie 4.0 – heute und morgen

6

Um schnell Industrie-4.0-Kompetenz zu gewinnen, kann man in der Rolle des Ausrüsters den (After-Sales-)Service für den Kunden verbessern oder in der Rolle des Produzenten die eigene Produktion optimieren.[1] In diesem Buch ist letzteres mit ersterem verbunden worden. Die Parametrierung durch den Kunden ist mit der RFID-Schnittstelle genauso möglich wie die Umsetzung des CPPS im Produktionsnetzwerk.

6.1   Einsatz von Industrie 4.0 heute

Bezieht sich Industrie 4.0 nur auf die Produktion? In den der Produktion vor- und nachgelagerten Bereichen des Netzwerkes finden sich zusätzliche Einsatzmöglichkeiten für die Koordination auf gemeinsamer Datenbasis.[2] In der vorgelagerten Forschung und Entwicklung agiert eine netzwerkübergreifende Konstruktion bereits im Sinne eines Design for Manufacturing. Für den Kunden können lieferzeit- oder lieferqualitätsabhängige Preise oder zusätzliche Informationen aus Produktion und Service sekundengenau auf einer Verkaufsplattform dargestellt werden.

Ein Beschaffungsnetzwerk kann Bestellkosten senken, wenn es auf die gemeinsamen Daten des Produktionsnetzwerkes zurückgreift. Logistische Dienstleister (Spediteure etc.) werden innerhalb eines Distributionsnetzwerkes optimiert. Datensätze

---

[1]Vgl. (Faeste et al. 2015, S. 4).
[2]Vgl. im Folgenden (Metten 2015, S. 15).

© Springer Fachmedien Wiesbaden GmbH 2017
M. Jahn, *Industrie 4.0 konkret, essentials,*
DOI 10.1007/978-3-658-17770-6_6

43

mit Transportterminen, Transportstrecken und Transportkosten – ähnlich den Daten-
sätzen für Arbeitssysteme – werden dafür in der gemeinsamen Datenbasis vorgehal-
ten. Für das Controlling entfällt die Verrechnungspreisproblematik, das „Dilemma
der pretialen Lenkung", soweit sie durch unternehmensinterne und nicht -externe
Faktoren wie Steuern getrieben ist. Mit den Preisfunktionen können Verrechnungs-
preise unternehmensintern wie -extern gleich bestimmt werden.[3] Der Verrechnungs-
preis als Koordinationsinstrument wird überflüssig.

Die von den Kontrollgrößen ableitbaren relativen Größen Auslastung, Termintreue, Durchlaufzeit- und Bestandsgrad lassen die Beurteilung der Leistung von
Netzwerkunternehmen im Vergleich zu. Ein darauf basierendes Anreizsystem für
Mitarbeiter kann das interne Unternehmertum fördern.[4] Ein unternehmensüber-
greifendes, netzwerkweites Benchmarking kann zur Verbesserung der vorhande-
nen oder der Evaluation von neuen Netzwerkpartnern dienen. Beispielsweise
können damit Mindestanforderungen für die Auswahl der Netzwerkpartner for-
muliert werden. Die relativen Größen können in einer Kooperationsbörse
(„Cooperative Scoreboard") genutzt werden, die für die Investitionsrechnung bei
gemeinsamen Ressourcen in Produktionsnetzwerken vorgeschlagen wird.[5] Mit
den technischen Möglichkeiten von Industrie 4.0 wird eine Kooperationsbörse
realistisch, mit der strategische Logistikoptionen an einem virtuellen Börsenplatz
monetär bewertet werden.

In der Praxis werden Benchmarking-Systeme z. B. von der Automobilindustrie eingesetzt, die Prozess-, Produkt-, Kosten-, Zeit- und Qualitätskenngrößen
erheben. Bedenklich bei diesen Benchmarking-Systemen ist jedoch, dass sie sich
nicht auf die strategisch relevanten Ergebnisgrößen konzentrieren, sondern z. B.
Prozessgrößen mit einbeziehen und häufig dazu dienen, die Koordination in vollständig hierarchischer Form an die jeweilige zentrale Instanz zu ziehen. Gehen
die im Benchmarking enthaltenen Daten über die identifizierten Kontrollgrößen
für das Netzwerk hinaus, ist fraglich, ob es sich um relevante und unsensible Größen handelt. Ein Benchmarking ist entsprechend nur mittels der bereits in der
Datenbasis berücksichtigten Größen zu installieren.

---

[3]Vgl. (Laux 1995, S. 504).
[4]Vgl. hier und im Folgenden (Pantförder et al. 2014, S. 147).
[5]Vgl. hier und im Folgenden (Bellmann 2000, S. 58).

6.2   Neues Geschäftsmodell mit Industrie 4.0 – morgen

▶ Die dargestellte Industrie-4.0-Lösung ist sowohl ein Verbesserung des
bestehenden, als auch eine Erneuerung des ifm-Geschäftsmodells.[6]

Eine Verbesserung des bestehenden Geschäftsmodells wird für den Produzenten ifm mit der Erhöhung der Logistikeffizienz erreicht. Dafür ist die Einführung einer RFID-Auftragsverfolgung Voraussetzung. Über die Rolle als Enabler der Geschäftsmodellverbesserung hinaus ist die aufgezeigte RFID-Lösung eine Invention für den Ausrüster ifm, die Kosten in Gerätedesign (z. B. durch Wegfall eines mechanischen Zugangs), -produktion und -lagerung sparen kann. Durch die mobile Beschreib- und Lesbarkeit wird sie eine Innovation mit Mehrwert für den Kunden. Sie ermöglicht ein intelligentes Produkt, intelligente Services und personalisierte Produkte sowohl im Neu- als auch im Ersatzteilgeschäft. Diese Möglichkeiten sind charakteristisch für ein neues Geschäftsmodell im Rahmen von Industrie 4.0.

Für alle Beteiligten bedeutet die netzwerkübergreifende Koordination eine Herausforderung. Die – meist hierarchische – Koordination der letzten Jahrzehnte ist nicht mehr das Bordmittel in dem Management von Netzwerken.[7] Die gemeinsame Datenbasis und die Applikations-Kommunikation sind eine Zukunftsinvestition, die „Planning and Controlling as a Service" möglich macht, bei der – statt teuer zu implementierender Planungssoftware – effizienter Lieferservice selbst als Dienstleistung verkauft werden kann.[8] Die veränderten Ansprüche des Marktes erfordern neue Methoden in der Koordination, wie sie hier exemplarisch gezeigt wurden. Für die Partner im Netzwerk ist die Schaffung neuer, anspruchsvoller und gemeinsam entwickelter Koordination überlebenswichtig; denn das Netzwerkmanagement von morgen benötigt eine am Konsumenten orientierte Beurteilung des netzwerkübergreifenden Logistikerfolgs anhand von Lieferbereitschaft und -anpassung und einen reibungslosen, allokationseffizienten Betrieb an den Schnittstellen zwischen den Netzwerkunternehmen.

Softwareprodukte wie der LR von ifm sind für netzwerkübergreifende Anwendungen geeignet, indem sie unabhängig von der gemeinsamen Datenbasis agieren und horizontale Offenheit für andere Systeme in den Vordergrund stellen. Die Applikations-Kommunikation ist auf Basis der Daten im LR Agent nahezu frei

---

[6]Vgl. hier und im Folgenden (Kagermann und Österle 2007), (Kaufmann T. 2015, S. 12 ff.).
[7]Vgl. (Kolodziej 1995, S. 126).
[8]Vgl. (Bauernhansl et al. 2015, S. 29).

programmierbar. Um vertikale Offenheit zu schaffen, wurde der LR Agent bereits als „LR Agent Embedded" mit einer Hardware- und als „LR Agent CP" mit einer Original-SAP-Schnittstelle versehen und damit an ein übergeordnetes ERP gekoppelt, ebenso wie an viele gängige Steuerungen von Maschinen und Anlagen. Die Implementierung dieser horizontalen und vertikalen Öffnung ist bereits im Softwareprodukt enthalten.

Eine wie hier beschriebene RFID-Schnittstelle in einem Sensor oder einem sensornahen Gerät erzeugt ein intelligentes, personalisiertes Produkt und bindet Kunden stärker an eigene, intelligente Services, Software und die dazu kompatiblen Produkte. Sie umgeht die klassische Automatisierungspyramide. Die Sensoren mit NFC-Schnittstelle können dann ihr ganzes Potenzial ausspielen, wenn sie durch benutzerfreundliche, plattformunabhängige Kundenschnittstellen mit den Services von ifm verbunden sind,[9] so wie innerhalb des Produktionsnetzwerks zur automatischen Datenerfassung und Auftragsverfolgung. ifm hat bereits mit dem AL1100 ein Gateway entwickelt, das die Daten bei Einbau des Sensors in eine Anlage auch dann auf eine IT-Plattform (webbasierte Cloud-Lösung) übertragen kann, wenn die NFC-Schnittstelle nicht genutzt wird. Es entsteht ein „Internet of Sensors", ein Industrie-4.0-Geschäftsmodell, das den Schritt vom Produkt- zum Lösungsanbieter erlaubt.

Kombiniert man Sensorik in einem durchgängigen Engineering mit RFID, entsteht nicht nur eine Schnittstelle für schnelle und flexible Datenzugriffe, sondern auch ein „intelligentes" Produkt mit virtuellem Produktabbild, im Anwendungsbeispiel also ein „intelligenter" Sensor, wie von Industrie 4.0 und dem Internet der Dinge (IoT) gefordert.[10] Die mit der RFID-Lösung verbundene Innovation für den Kunden, und damit der Wettbewerbsvorteil, ist durch Patente langfristig geschützt. Eine funktionserweiterte NFC-Schnittstelle mit Verbindung zum Mikrocontroller entspricht als Innovation den strategischen Zielen von ifm.[11] Dafür müssen – den unzähligen Möglichkeiten angepasst – die Funktionen für Kunden strategisch gezielt erweitert werden.[12]

---

[9]Vgl. (Mattern 2005, S. 63), (Pantförder et al. 2014, S. 147).

[10]Vgl. (Bauernhansl et al. 2014).

[11]Vgl. (Marhofer 2011).

[12]Vgl. (Krotlik et al. 2015, S. 3).

Internet of Sensors – Beispielziel eines Weges zu Industrie 4.0

- Personalisiertes Produkt: Die Einführung eines RFID-Bauelementes ermöglicht kundenspezifische Konfiguration eines Sensors ohne Zusatzkosten.
- Intelligentes Produkt: Beispielhaft dafür ist das „elektronische Typenschild", die automatisierte Dokumentation des Einsatzortes und die Diagnosefähigkeit eines Sensors mit NFC.
- Intelligente Services: Sind Updates über die RFID-Schnittstelle möglich, so ist auch eine Erweiterung der Funktionen auf z. B. Sicherheitsprüfungen und „Software as a Service" (SaaS) denkbar.

Die Wertgenerierung beim Kunden – im Anwendungsbeispiel mit 10 % Steigerung des Umsatzes angegeben – stellt den strategischen Vorteil sicher und führt im Ergebnis zu einem neuen Geschäftsmodell, das den Sensormarkt verändern könnte.[13] Die Tiefe und Geschwindigkeit der anstehenden Revolution im Sensormarkt dürfte mit den Veränderungen durch das Internet im Konsumbereich vergleichbar sein. Die Überwindung der Lücke zwischen der realen und digitalen Welt mit Hilfe von Sensoren im Zeichen von Industrie 4.0 ist wirtschaftlich möglich und eine neue strategische Option. Die Geschwindigkeit der Veränderung für den Ausrüster ifm kann durch den langen Produktlebenszyklus von Maschinen und Anlagen verlangsamt werden. Es steht jedoch zu erwarten, dass eine kostengünstige Möglichkeit für ein „Upgrade" der installierten Basis gefunden wird. ifm hat hier durch die Entwicklung des Gateways zur direkten Übertragung der Sensordaten auf die IT-Ebene und der breiten Einführung von IO-Link einen entscheidenden Beitrag geleistet.[14]

---

[13]Vgl. (Mattern 2005, S. 58).
[14]Vgl. (Jahn 2015b, S. 38).

Was Sie aus diesem *essential* mitnehmen können

- Die Wirtschaftlichkeit von Industrie-4.0-Lösungen kann und sollte nachgewiesen werden
- Die betriebswirtschaftlich gezielte, vertikale und die horizontale Informationsweitergabe zwischen Automatisierungstechnik und IT-Systemen führt zur Digitalisierung
- Digitalisierung ist ohne Auftragsverfolgung und Identifikation nicht möglich
- RFID ist eine Identifikationslösung, die konsequente Digitalisierung bei gleichzeitiger Wirtschaftlichkeit erst ermöglicht
- Eine konsequente Digitalisierung der eigenen Produktion kann zu einem neuen Geschäftsmodell führen

© Springer Fachmedien Wiesbaden GmbH 2017   49
M. Jahn, *Industrie 4.0 konkret*, essentials,
DOI 10.1007/978-3-658-17770-6

Tipps für den Leser

Netzwerkansatz: Begriffsdefinitionen und Strukturmuster

Theoretische Basis für die weitere Betrachtung von Netzwerken (Siehe Tab. A.1).

Tab. A.1 Begriffsdefinitionen und Strukturmuster für den Netzwerkansatz

Begriffe	Definition	Struktur
Handlungs-träger	Handelt i. d. R. beschränkt rational und mit begrenztem Wissen über Handlungen, andere Handlungsträger und Ressourcen. Zielorientierte Akteure kontrollieren oder führen Aktivitäten aus, entwickeln Beziehungen zu anderen durch Austauschprozesse, basieren ihre Aktivitäten auf der Kontrolle über Ressourcen	Ebenen von Handlungsträgern und Systemen: • Individuen • Organisation • Netzwerke • Netzwerkumfeld
Handlungen	Basieren auf instrumentellen, moralischen oder affektiven Entscheidungen der Handlungsträger als Antizipation oder Resultat der Aktion oder Interaktion mit anderen Handlungsträgern. Eine Aktivität entsteht, wenn ein oder mehrere Akteure Ressourcen kombinieren, austauschen oder erschaffen auf Basis der Nutzung anderer Ressourcen	• Transaktionen (interorganisational oder interpersonell) • Transformationen (intraorganisational oder interpersonell)

(Fortsetzung)

© Springer Fachmedien Wiesbaden GmbH 2017
M. Jahn, *Industrie 4.0 konkret,* essentials,
DOI 10.1007/978-3-658-17770-6

Tab. A.1 (Fortsetzung)

Begriffe	Definition	Struktur
Ressourcen	Transformations- und Austauschaktivitäten erfordern Ressourcen	Dimensionen: • Kontrolle der Akteure • Spezifität • Flexibilität • Fungibilität
Systeme	Die Leistung eines Systems (Unternehmen, Organisation, Staat) ist das Resultat einer Ressourcen- oder Handlungsaufteilung mit anderen Systemen. Dabei spielen Interdependenzen zwischen den Systemen als Investitionen in Beziehungen, Wissen, Ressourcen, Handlungsregelkreise mit Lerneffekten und Transaktionsketten eine zentrale Rolle	Sichtweisen auf die Ordnung der Systeme: • funktionale Interdependenz (ähnl.: Transaktionskosten) • Machtstruktur (ähnl.: Property Rights) • Wissensstruktur (ähnl.: Industrieökonomie und ressourcenbasierter Ansatz) • zeitbezogene oder soziale Struktur (ähnl.: Evolutionstheorie)

Publikationen zu logistischen Größen

Für den an Kennzahlen interessierten Leser sind hier einige Autoren der 80er und 90er Jahre aufgeführt, in denen man sich besonders mit diesem Thema auseinandersetzte. Der Aufwand der Ermittlung von Kennzahlen war zu diesem Zeitpunkt so hoch, dass Kennzahlen für einen längeren Zeitraum bestimmt werden mussten (Siehe Tab. A.2).

Tab. A.2 Auswahl der zu logistischen Größen erschienenen Veröffentlichungen

Autoren		Betriebliche Schwerpunkte			Generierungssystematik
		Beschaffung	Produktion	Distribution	
Sell, Jochen	1978	x			Struktur-/ Prozessmerkmale
Fieten, Robert/ Hoff, Paul/ Wahlen, Hans	1979	x			Struktur-/ Prozessmerkmale
Berg, Claus/ Maus, Manfred	1980			x	Top-down
Fieten, Robert	1981	x			Struktur-/ Prozessmerkmale
Berg, Claus	1982	x			Struktur-/ Prozessmerkmale
Bentz, Stephan	1983	x			Bottom-up (für Bereiche)
Budde, Rainer/ Schulz, Wolfhard	1983	x		x	Struktur-/ Prozessmerkmale
Grochla, Erwin	1983	x			Top-down
Konen, Werner	1985	x			Struktur-/ Prozessmerkmale
Flatten, Ulrich	1986			x	Top-down
Filz, Bernd	1989	x			Bottom-up
Syska, Andreas	1990	x	x	x	Top-down
Lochthowe, Rainer	1990	x	x	x	Top-down
Gritzmann, Klaus	1990	x	x	x	Top-down
Pfohl, Hans-Chr./ Zöllner, Werner	1991	x		x	Top-down

(Fortsetzung)

Tab. A.2 Fortsetzung

Autoren		Betriebliche Schwerpunkte			Generierungssystematik
		Beschaffung	Produktion	Distribution	
Schott, Gerhard	1991		x	x	Struktur-/ Prozessmerkmale
Hildebrand, Rudolf/Mertens, Peter	1992	x	x	x	Top-down
Küpper, Hans-Ulrich	1992		x		Top-down
Schulte, Christof	1992	x	x	x	Struktur-/ Prozessmerkmale
Reichmann, Thomas	1993	x	x	x	Top-down
Weber, Jürgen	1993	x	x	x	Bottom-up
Fieten, Robert	1994	x	x	x	Struktur-/ Prozessmerkmale
Weber, Jürgen	1995	x	x	x	Top-down, Merkmale
Schulte, Christof	1999	x	x		Struktur-/ Prozessmerkmale

Datenblätter ifm-Lesegerät und –Auswerteeinheit

Wer sich durch das Buch zu einer weiteren Ergründung der elektrotechnischen Aspekte angeregt fühlt, dem werden hier beispielhaft die Datenblätter der im Text erwähnten RFID-Geräte vorgestellt (Siehe Abb. A.1 und A.2).

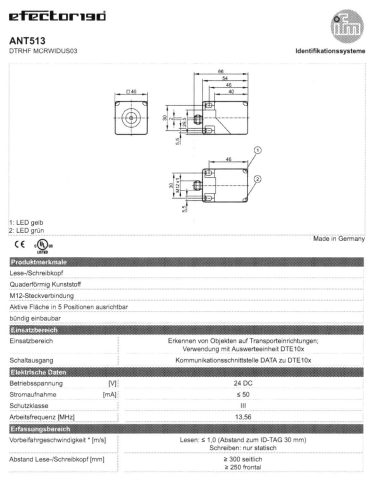

efector190

ANT513
DTRHF MCRWIDUS03   Identifikationssysteme

1: LED gelb
2: LED grün

CE cULus   Made in Germany
    LISTED

Produktmerkmale	
Lese-/Schreibkopf	
Quaderförmig Kunststoff	
M12-Steckverbindung	
Aktive Fläche in 5 Positionen ausrichtbar	
bündig einbaubar	

Einsatzbereich	
Einsatzbereich	Erkennen von Objekten auf Transporteinrichtungen; Verwendung mit Auswerteeinheit DTE10x
Schaltausgang	Kommunikationsschnittstelle DATA zu DTE10x

Elektrische Daten		
Betriebsspannung	[V]	24 DC
Stromaufnahme	[mA]	≤ 50
Schutzklasse		III
Arbeitsfrequenz [MHz]		13,56

Erfassungsbereich	
Vorbeifahrgeschwindigkeit * [m/s]	Lesen: ≤ 1,0 (Abstand zum ID-TAG 30 mm) Schreiben: nur statisch
Abstand Lese-/Schreibkopf [mm]	≥ 300 seitlich ≥ 250 frontal

Abb. A.1   Datenblatt des ifm Lese-/Schreibkopfs ANT513 für HF

efector190

ANT513
DTRHF MCRWIDUS03

Identifikationssysteme

Umgebungsbedingungen		
Umgebungstemperatur	[°C]	-20...60
Lagertemperatur	[°C]	-25...80
Schutzart		IP 67

Zulassungen / Prüfungen		
EMV	EN 50295	(1999-03)
Schockfestigkeit	EN 60068-2-29: EN 60068-2-27:	40 g (6 ms) 50 g (11 ms)
Vibrationsfestigkeit	EN 60068-2-6:	20 g (10...55 Hz)

Sicherheitskennwerte		
MTTF	[a]	557

Mechanische Daten		
Einbauart		bündig einbaubar
Gehäusewerkstoffe		Gehäuse: PA; Metallteile: Edelstahl
Gewicht	[kg]	0,177

Anzeigen / Bedienelemente	
Anzeige	1 LED grün Betrieb 1 LED gelb TAG-Kommunikation

Elektrischer Anschluss	
Anschluss	M12-Steckverbindung; drehbar, rastend arretiert

Anschlussbelegung

L+
DATA
L-

Bemerkungen	
Bemerkungen	*) bezogen auf ID-TAG E80371 **) bezogen auf ID-TAG E80370 Abstände zu anderen ID-TAGs siehe jeweiliges Datenblatt (E803xx) Betriebsspannung "supply class 2" gemäß cULus
Verpackungseinheit [Stück]	1

Weitere Daten	
Abstand zum ID-TAG ** [mm]	Lesen: ≤ 60 (statisch) Schreiben: ≤ 60 (statisch)
Funkzulassung	EN300 330-2 V 1.3.1 (2006-04) FCC Part 15.209
Standard	ISO 15693

ifm electronic gmbh • Friedrichstraße 1 • 45128 Essen — Technische Änderungen behalten wir uns ohne Ankündigung vor! — DE — ANT513 — 25.08.2011

Abb. A.1 (Fortsetzung)

efectoriso

DTE104
DTELF/HFABRWENUS00   **Identifikationssysteme**

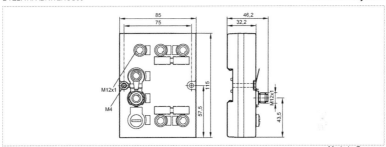

C€ c(UL)us LISTED   Made in Germany

Produktmerkmale

RFID Auswerteeinheit

für bis zu 4 Schreib-/Leseköpfe Typ ANT41x/ANT51x

Einsatzbereich

Einsatzbereich	RFID Auswerteeinheit mit Ethernet TCP/IP-Schnittstelle

Elektrische Daten

Betriebsspannung	[V]	18...30 DC
Stromaufnahme	[mA]	< 3000

Ausgänge

Ausgang	4 Schaltausgänge
Strombelastbarkeit je Ausgang [mA]	500 (IO 1,2); 1000 (IO 3,4)

Schnittstellen

Parametrierschnittstelle	Ethernet
Prozessschnittstelle	Ethernet TCP/IP
IP-Adresse	192.168.0.79
Subnetzmaske	255.255.255.0
Gateway IP-Adresse	192.168.0.100

Umgebungsbedingungen

Umgebungstemperatur	[°C]	-20...60
Lagertemperatur	[°C]	-20...85
Schutzart		IP 67

Mechanische Daten

Gehäusewerkstoffe	Oberteil: PA Grivory GV5H orange; Oberteil: TPE; Unterteil: GD-AlSi12
Gewicht [kg]	0,38

Anzeigen / Bedienelemente

Anzeige	Spannungsversorgung LED 1 x grün; 1 x gelb
	Ethernet TCP/IP 2 x LED rot/grün
	Ethernet LED 1 x grün; 1 x gelb
	Ein- / Ausgänge LED 1 x grün; 1 x gelb

Elektrischer Anschluss

Anschluss	M12-Steckverbindung

Anschlussbelegung

Abb. A.2   Datenblatt der ifm Auswerteeinheit DTE104 für RFID

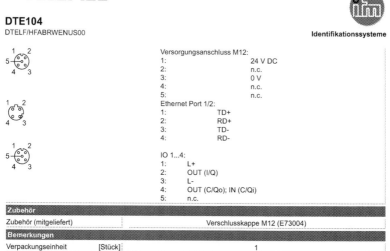

efectoriso

DTE104
DTELF/HFABRWENUS00   Identifikationssysteme

Versorgungsanschluss M12:
1:                    24 V DC
2:                    n.c.
3:                    0 V
4:                    n.c.
5:                    n.c.

Ethernet Port 1/2:
1:            TD+
2:            RD+
3:            TD-
4:            RD-

IO 1...4:
1:        L+
2:        OUT (I/Q)
3:        L-
4:        OUT (C/Qo); IN (C/Qi)
5:        n.c.

Zubehör	
Zubehör (mitgeliefert)	Verschlusskappe M12 (E73004)

Bemerkungen	
Verpackungseinheit [Stück]	1

ifm electronic gmbh • Friedrichstraße 1 • 45128 Essen — Technische Änderungen behalten wir uns ohne Ankündigung vor! — DE — DTE104 — 21.11.2013

Abb. A.2 (Fortsetzung)

Zum Weiterlesen

Albach, H. (1997, 11. Dezember). Eine lebendige Theorie der Unternehmung – Zum 100. Geburtstag Erich Gutenbergs. p. 21 f.

Büttner, K.-H., & Brück, U. (2014). Use Case Industrie 4.0-Fertigung im Siemens Elektronikwerk Amberg. In T. Bauernhansl, M. t. Hompel, & B. Vogel-Heuser, Industrie 4.0 in Produktion, Automatisierung und Logistik (pp. 121–144). Wiesbaden: Springer Vieweg.

Bauer, W., Schlund, S., Marrenbach, D., & Ganschar, O. (2014). Industrie 4.0: Volkswirtschaftliches Potenzial für Deutschland. Berlin: Fraunhofer-Institut für Arbeitswirtschaft; BITKOM Bundesverband Informationswirtschaft, Telekommunikation und neue Medien e. V.

Bauernhansl, T. (2014). Die Vierte Industrielle Revolution – Der Weg in ein wertschaffendes Produktionsparadigma. In T. Bauernhansl, M. ten Hompel, & B. Vogel-Heuser, Industrie 4.0 in Produktion, Automatisierung und Logistik (pp. 5–35). Wiesbaden: Springer Vieweg.

Bauernhansl, T., Emmrich, V., Döbele, M., Paulus-Rohmer, D., Schatz, A., & Weskamp, M. (2015). Geschäftsmodell-Innovation durch Industrie 4.0. München: Dr. Wieselhuber & Partner GmbH.

Bauernhansl, T., ten Hompel, M., & Vogel-Heuser, B. (2014). Industrie 4.0 in Produktion, Automatisierung und Logistik. Wiesbaden: Springer.

Bellmann, K. (2000). Produktionsnetzwerke – ein theoretischer Bezugsrahmen. In H. Wildemann, Produktions- und Zuliefernetzwerke, 5. Aufl. (pp. 47–63). München.

Bichler, K., Kalker, P., & Wilken, E. (1992). Logistikorientiertes PPS-System: Konzeption, Entwicklung und Realisierung. Wiesbaden.

Blitzer, K., & Tobisch-Haupt, R. (2010). Prozessparameter in der RFID-Technologie. S. 19–21, SMART Solutions, Isernhagen: rfid ready.

Deloitte & Touche GmbH Wirtschaftsprüfungsgesellschaft. (2013). Assessment "Linerecorder Agent". Fürth.

Dombrowski, U. (1992). Logistische Qualitätssicherung von Fertigungsaufträgen. VDI-Z 134/ 3, pp. 85–89.

© Springer Fachmedien Wiesbaden GmbH 2017
M. Jahn, *Industrie 4.0 konkret,* essentials,
DOI 10.1007/978-3-658-17770-6

Feierabend, R. (1987). Beitrag zur Abstimmung und Gestaltung unternehmensübergreifender logistischer Schnittstellen, 2. Aufl. München.

Ganschar, O., Gerlach, S., Hämmerle, M., Krause, T., & Schlund, S. (2013). Produktionsarbeit der Zukunft – Industrie 4.0. Stuttgart: Fraunhofer-Institut für Arbeitswissenschaft und Organisation IAO.

Gattorna, J., & Walters, D. (1996). Managing the Supply Chain: A Strategic Perspective. Houndmills et al.

Großklaus, A. (1996). Ablauforientierte Produktionslogistik: Eine modellbasierte Analyse. Wiesbaden.

Handke Industrie Software GmbH. (2008). Linerecorder Agent Realisierungskonzept (1.0 ed.). Garbsen.

Handke Industrie Software. (2011). Transfer Agent Spezifikation (Version 1.2 ed.). Erlangen.

Hompel, M. t. (2014). Logistik 4.0. In T. Bauernhansl, M. t. Hompel, & B. Vogel-Heuser, Industrie 4.0 in Produktion, Automatisierung und Logistik (pp. 615–624). Wiesbaden: Springer Vieweg.

ifm electronic gmbh. (2011d, 25. August). Datenblatt ANT513. Retrieved 2012, 7. Januar from http://www.ifm.com/products/DE/PDF/ANT513.htm

ifm electronic gmbh. (2011a). Homepage. Retrieved 2011 йил 30-Dezember from http://www.ifm.com

ifm electronic gmbh. (2012b). Steuerungs- und Auswerteelektronik. Retrieved 2012, 17. Mai from http://www.ifm.com/ifmde/web/ecomatic.htm

Jahn, M. (2015a). Neue Transparenz in der Industrie 4.0 schafft Vertrauen und Mehrwerte. In A. Kirsch, J. Kletti, J. Wießler, D. Meuser, W. Felser, & e. al., Industrie 4.0 Kompakt I: Systeme für die kollaborative Produktion im Netzwerk (pp. 106–109). Köln: NetSkill Solutions GmbH.

Jahn, M. (2015b). Predictive Maintenance – vom Sensor bis ins SAP. In C. Manzei, Industrie 4.0 (pp. 36–41). Wiesbaden.

Jahn, M. (2016). Ein Weg zu Industrie 4.0. Wiesbaden.

Kagermann, H., & Österle, H. (2007). Geschäftsmodelle 2010: Wie CEOs Unternehmen transformieren. Frankfurt: Frankfurter Allgemeine.

Kagermann, H., Wahlster, W., & Helbig, J. (2013 April). Umsetzungsempfehlungen für das Industrieprojekt Industrie 4.0. Retrieved 2015 31. Oktober from http://digital.bib-bvb.de/view/action/singleViewer.do?dvs=1446330779711~897&locale=de_DE&VIEWER_URL=/view/action/singleViewer.do?&DELIVERY_RULE_ID=35&frameId=1&usePid1=true&usePid2=true

Kaufmann, T. (2015). Geschäftsmodelle in Industrie 4.0 und dem Internet der Dinge. Wiesbaden: Springer Vieweg.

Kaufmann, T., & Forstner, L. (2014). Die horizontale Integration der Wertschöpfungskette in der Halbleiterindustrie – Chancen und Herausforderungen. In T. Bauernhansl, M. t. Hompel, & B. Vogel-Heuser, Industrie 4.0 in Produktion, Automatisierung und Logistik (pp. 359–367). Wiesbaden: Springer Vieweg.

Kirsch, A., Kletti, J., Wießler, J., Meuser, D., Felser, W., & al., e. (2015). Industrie 4.0 Kompakt I – Systeme für die kollaborative Produktion im Netzwerk. Köln: NetSkill Solutions GmbH.

Kleinemeier, M. (2014). Von der Automatisierungspyramide zu Unternehmenssteuerungsnetzwerken. In T. Bauernhansl, M. t. Hompel, & B. Vogel-Heuser, Industrie 4.0 in Produktion, Automatisierung und Logistik (pp. 571–579). Wiesbaden: Springer Vieweg.

Klumpp, M., & Bioly, S. (2012). Weiterbildungshandbuch RFID. Dienstleistungsmanagement in Theorie und Praxis (Vol. 7). (M. Klumpp, Ed.) Berlin: Logos Verlag.

Kolodziej, M. (1995). Die Fabel vom Alleskönner – der Logistiker. In H.-C. Pfohl, Organisationsgestaltung in der Logistik: kundenorientiert – prozeßorientiert – lernfähig (pp. 111–130). Berlin.

Krotlik, L., Greiser, C., & Brocca, M. (2015). Making Big Data Work: Supply Chain Management. Boston: Boston Consulting Group.

Lasi, H., Fettke, P., Kemper, H.-G., Feld, T., & Hoffmann, M. (2014). Industrie 4.0. Wirtschaftsinformatik, 4 (56), pp. 261–264.

Laux, H. (1995). Erfolgssteuerung von Organisationen. Bd. 1: Anreizkompatible Erfolgsrechnung, Erfolgsbeteiligung und Erfolgskontrolle. Berlin.

Laux, H. (1992). Koordination in der Unternehmung. In W. Wittmann, W. Kern, R. Köhler, H.-U. Küpper, & K. von Wysocki, Handwörterbuch der Betriebswirtschaft, 5. Aufl. (pp. 2308–2320). Stuttgart.

Lorino, P. (1995). Une lecture de l'interdisciplinarité: Le decloisonnement des metiers dans l'entreprise. Paris.

Müller, S. (2015). Manufacturing Execution Systeme (MES). Norderstedt.

Marhofer, M. (2011). Ausblick – 5, 10 und 20 Jahre. Essen: ifm electronic gmbh.

Metten, B. (2015). Leitfaden Industrie 4.0. Frankfurt am Main: VDMA Verlag GmbH.

Nyhuis, P., & Wiendahl, H.-P. (1999). Logistische Kennlinien. Grundlagen, Werkzeuge und Anwendungen. Berlin.

Ostertag, R. (2008). Supply-Chain-Koordination im Auslauf in der Automobilindustrie. Wiesbaden.

Pantförder, D., Mayer, F., Diedrich, C., Göhner, P., Weyrich, M., & Vogel-Heuser, B. (2014). Agentenbasierte dynamische Rekonfiguration von vernetzten intelligenten Produktionsanlagen – Evolution statt Revolution. In T. Bauernhansl, M. t. Hompel, & B. Vogel-Heuser, Industrie 4.0 in Produktion, Automatisierung und Logistik (pp. 145–158). Wiesbaden: Springer Vieweg.

Picot, A. (1991). Ein neuer Ansatz zur Gestaltung der Leistungstiefe. ZfbF 43, pp. 336–357.

Plattform Industrie 4.0. (2014 03. April). Industrie 4.0. Retrieved 2015 24. April from Whitepaper FuE-Themen: http://www.acatech.de/fileadmin/user_upload/Baumstruktur_nach_Website/Acatech/root/de/Aktuelles___Presse/Presseinfos___News/ab_2014/Whitepaper_Industrie_4.0.pdf

Rögner, M. (2010). MES-Schulung. (H. I. GmbH, Ed.) Garbsen.

Rhensius, T., & Dünnebacke, D. (2010). RFID – Business Case Calculation (2. Auflage ed.). (G. Schuh, & V. Stich, Eds.) Aachen: Forschungsinstitut für Rationalisierung e.V. (FIR).

Schürmeyer, M., & Sontow, K. (2015). ERP/ PPS im Kontext von Industrie 4.0. In A. Kirsch, J. Kletti, J. Wießler, D. Meuser, W. Felser, & e. al., Industrie 4.0 Kompakt I – Systeme für die kollaborative Produktion im Netzwerk (pp. 102-105). Köln: NetSkill Solutions GmbH.

Schmidt, C. (1999). Marktliche Koordination in der dezentralen Produktionsplanung. Wiesbaden.

Schmidt, G. (1997). Prozessmanagement. Modelle und Methoden. Berlin / Heidelberg/ New York.

Scholz, C. (1997). Strategische Organisation. Prinzipien zur Vitalisierung und Virtualisierung. Landsberg am Lech.

Schreiter, C. (2012). RFID Speicherchip – ein standardisierter Datenzugang zu ifm Geräten. Essen.

Schuh, G. (2013, 27. April). Industrie 4.0. Leipzig, Deutschland.

Vogel-Heuser, B. (2014a). Herausforderungen und Anforderungen aus Sicht der IT und der Automatisierungstechnik. In T. Bauernhansl, M. ten Hompel, & B. Vogel-Heuser, Industrie 4.0 in Produktion, Automatisierung und Logistik (pp. 37–48). Wiesbaden: Springer Vieweg.

Vogel-Heuser, B. (2014b, 26. September). Industrie 4.0 und Cyber Physical Systems – ganz oder gar nicht? Elektronikpraxis, p. 13.

Wüthrich, H., Philipp, A., & Frentz, M. (1997). Vorsprung durch Virtualisierung. Lernen von virtuellen Pionierunternehmen. Wiesbaden.

Wächter, E. (2012). Die Anfänge transponderbasierter Sicherheit (Ausgabe 11 ed., Vol. S. 134 f). Messen & Erkennen.

Weber, J., & Kummer, S. (1990). Aspekte des betriebswirtschaftlichen Managements der Logistik. DBW 50/ 6, pp. 775–787.

Weber, J., & Kummer, S. (1994). Logistikmanagement: Führungsaufgaben zur Umsetzung des Flußprinzips im Unternehmen. Stuttgart.

Wiendahl, H.-H. (2007). Potenziale Fertigungsplanung und -steuerung – MES das unbekannte Modewort?! software-markt 05 (05).

Wiendahl, H.-P. (1987). Belastungsorientierte Fertigungssteuerung: Grundlagen, Verfahrensaufbau, Realisierung. München/ Wien.

Williamson, O. (1996). The Mechanisms of Governance. New York/ Oxford.

Zelewski, S. (1998A). Multi-Agenten-Systeme – ein innovativer Ansatz zur Realisierung dezentraler PPS-Systeme. In H. Wildemann, Innovationen in der Produktionswirtschaft – Produkte, Prozesse, Planung und Steuerung (pp. 133–166). München.

ZVEI. (2013). Benchmarking. Die deutsche Elektroindustrie im Branchenvergleich. Frankfurt am Main.

ZVEI. (2009). Identifikation und Traceability in der Elektro- und Elektronikindustrie. Leitfaden für die gesamte Wertschöpfungskette. Frankfurt am Main: ZVEI.

Printed in the United States
By Bookmasters